선심초심

ZEN MIND, BEGGINER'S MIND

by Shunryu Suzuki

선심초심

禪　心　初　心

스즈키 순류 지음 | 정창영 옮김

김영사

선심초심

1판 1쇄 발행   2013. 2. 28.
1판 11쇄 발행   2025. 6. 1.

지은이   스즈키 순류
옮긴이   정창영

발행인   박강휘
발행처   김영사
등록   1979년 5월 17일(제406-2003-036호)
주소   경기도 파주시 문발로 197(문발동) 우편번호 10881
전화   마케팅부 031)955-3100, 편집부 031)955-3200 | 팩스 031)955-3111

값은 뒤표지에 있습니다.
ISBN 978-89-349-6226-7 03200

홈페이지 www.gimmyoung.com   블로그 blog.naver.com/gybook
인스타그램 instagram.com/gimmyoung   이메일 bestbook@gimmyoung.com

좋은 독자가 좋은 책을 만듭니다.
김영사는 독자 여러분의 의견에 항상 귀 기울이고 있습니다.

"지혜를 찾는 것이 지혜다."

휴스턴 스미스
세계 종교 연구의 선구자이자 거장

두 명의 스즈키가 있다. 반세기 전, 스즈키 다이세쓰鈴木大拙
는 혼자 힘으로 선禪을 서구에 소개했다. 그것은 13세기에 아
리스토텔레스의, 15세기에 플라톤의 저작들이 라틴어로 번
역된 것에 견줄 만큼 역사적으로 중요한 업적이다. 그로부터
또 반세기가 흐른 후, 스즈키 순류鈴木俊隆가 그에 맞먹는 중요
한 일을 했다. 그는 자신의 유일한 저서인 이 책에서 선에 관
심이 있는 미국인들이 들어야 할 말을 덧붙여 정확하게 들려
주었다.

스즈키 다이세쓰의 선은 극적이었다. 반면에 스즈키 순류
의 선은 평범하다. 다이세쓰가 전한 선은 깨달음에 초점이
맞추어져 있었다. 그의 저작들이 사람들을 그토록 강하게
끌어당긴 가장 큰 이유는, 그가 말하는 깨달음이라는 비일
상적인 상태가 지닌 매력 때문이었다. 그러나 스즈키 순류

는 깨달음이나, 그와 거의 유사한 의미인 견성見性을 강조하지 않는다.

스즈키 순류가 죽기 4개월 전, 나는 그에게 왜 깨달음을 강조하지 않는지 물어보았다. 그때 그의 부인이 내 쪽으로 몸을 기울이며 작은 소리로 장난꾸러기처럼 말했다. "그건 저이가 깨달음을 얻지 못했기 때문이에요." 그러자 늙은 스승은 깜짝 놀라는 시늉을 하며 부채로 그녀를 툭 치더니 입에 손가락을 대고 "쉿! 말하지 마시오!" 하였다. 한바탕 웃음이 가라앉자 그는 간단히 말했다. "깨달음이 중요하지 않은 것은 아니지만, 선에서 강조해야 할 부분은 아니지요."

스즈키 선사가 미국에서 우리와 함께 지낸 시간은 동아시아에서 세월을 재는 한 단위인 12년에 불과했지만, 시간이 부족하진 않았다. 이 작고 조용한 사람의 노력으로, 지금 미국에는 조동선曹洞禪 조직이 왕성하게 성장하고 있다. 그의 삶은 인간과 선의 길이 융합된, 조동의 길을 완벽하게 보여주었다. "무아적 태도를 보인 그는 우리가 신기하게 여길 만한 어떤 기행奇行도 하지 않았다. 세속적인 의미에서는 한 인격체로서 어떤 파문도 만들지 않았고 아무 흔적도 남기지 않았지만, 역사의 보이지 않는 측면에 남긴 그의 발자취는 우리를 곧은 길로 인도하고 있다."(From a tribute by Mary Farkas in *Zen Notes*, the First Zen Institute of America, January 1972.) 서구 최초의 조동선 선원인 타사하라 선원과 그 지부인 샌프란시스코 선원, 그리고 일반 대중을 위한 이 책은 그가 세운 기념비들이다.

그는 어떤 것도 운에 맡기지 않았다. 그리고 제자들이 가장 어려워할 순간, 즉 자신의 존재가 공허 속으로 사라져갈 순간에 대처할 수 있도록 준비시켰다.

"만약 내가 죽을 때, 그 죽어가는 순간에, 내가 고통을 겪더라도 그건 아무 문제가 되지 않습니다. 여러분도 알다시피 그건 고통을 겪고 있는 부처입니다. 여기에는 어떤 혼동도 있을 수 없습니다. 아마 다른 사람들 역시 육체적인 고통이나 정신적인 고통으로 몸부림칠 것입니다. 하지만 그건 전혀 문제가 되지 않습니다. 우리는 내 육체나 여러분의 육체처럼, 한정된 육체를 가지고 있음을 대단히 고마워해야 합니다. 만약 여러분에게 무한한 삶이 주어진다면 그것이 진정한 문제입니다."

그는 전법傳法을 확실하게 했다. 1971년 11월 21일, 타사하라 선원장 이취임식에서 그는 리처드 베이커Richard Baker를 법의法衣 계승자로 임명했다. 당시 스즈키 선사는 아들의 부축을 받으며 행렬 속에서 가까스로 걸을 수 있을 정도로 암이 진행된 상태였다. 그럼에도 걸음을 내디딜 때마다, 그의 지팡이는 온화한 겉모습 내면에 가득 차 있는 강철 같은 선禪의 의지로 마룻바닥을 힘차게 두드렸다. 베이커는 한 편의 시를 바치며 법의를 물려받았다.

아주 오랜 세월 간직해온

이 한 자루의 향을

스승이시며 친구이신 스즈키 순류 대화상大和尚

이 사원을 세우신 당신께

손 없는 손으로 바치옵니다.

당신이 이루신 일 측량할 길 없습니다.

부처님의 자비로운 비를 맞으며

당신과 함께 걸을 때

우리의 가사는 흠뻑 젖지만,

연꽃잎 위에는

물 한 방울 남지 않습니다.

스승은 2주일 뒤에 입적했다. 12월 4일, 조의를 표하기 위해 장례식에 모인 대중들을 향해서 베이커 선사는 이렇게 말했다.

"스승이나 제자가 되는 것이 이생에서 얻은 최고의 기쁨인 것은 분명하지만, 결코 쉬운 일이 아닙니다. 불교가 없는 나라에 와서 많은 제자와 승려와 신도 들이 잘 따를 수 있도록 길을 만들어놓고, 수많은 사람들의 삶을 변화시킨다는 것은 결코 쉬운 일이 아닙니다. 하나의 선원과, 도시 속 하나의 선 공동체, 그리고 캘리포니아를 비롯한 미국의 많은 곳에 수행 도량을 만들고 사람들을 지도하고 양성하는 일은 결코 쉬운 일이 아닙니다. 그러나 이 '쉽지 않은 일', 이 비범함을 요하는 일이 스즈키 선사에게 맡겨졌을 때, 그것은 어려운 일이 아니었습니다. 왜냐하면 이분은 자신의 진정한 본성, 곧 우리의 진정한 본성에서 활동하셨을 따름이기 때문입니다. 이분은 사람이 남길 수 있는 최대의 것, 근본적인 것, 곧 부처의 정신과 마음, 부처의 수행, 부처의 가르침과 삶을 우리에게 남겼습니다. 이분은 우리가 원한다면 여기, 우리 안에 계십니다."

리처드 베이커
선 수행자, 1970년

스즈키 선사의 제자에게는 이 책이 선사의 마음일 것입니다. 그분의 일상적이거나 개인적인 마음이 아니라 그분의 선심禪心, 그분의 스승이신 교쿠준 소온 대화상의 마음, 도겐道元 선사의 마음, 부처님에서 오늘에 이르기까지(그 전승이 중간에 끊어졌든지 끊어지지 않았든지, 또는 역사적인 사실이든지 신화이든지) 스승과 조사와 승려와 신도 들에게 전승된 마음, 그리고 부처님 자신의 마음, 선 수행의 마음일 것입니다.

그러나 대부분의 독자들에게는 이 책이 한 선사가 어떻게 말하고 가르치는지에 대한 예가 될 것입니다. 이 책은 선을 어떻게 수행할지에 대한, 선 생활에 대한, 그리고 선 수행을 가능케 하는 태도와 이해에 대한 지침서가 될 것입니다. 이 책은 누구에게나 자신의 본성과 선심을 깨닫도록 격려하는 하나의 촉진제가 될 것입니다.

'선심'은 선사들이 여러분 자신의 마음과 존재가 무엇인지에 대해서, 말과 의문을 넘어 여러분 자신에게 주목하게 하려고 사용하는 수수께끼 같은 표현 중 하나입니다. 의문을 갖게 하고, 그 의문에 대해서 가장 깊은 본성의 표현으로 답하게 하는 것, 이것이 모든 선 가르침의 목적입니다. 이 책의 영문 판 표지에 있는 붓글씨는 '여래如來', 산스크리트어로 '타타가타'입니다. '여래'는 부처의 여러 이름 중 하나인데, '길을 따라, 그저 그렇게 왔다가 그저 그렇게 돌아간 사람' 또는 '그저 그러한, 있는 그대로의 공을 완전히 성취한 사람'이라는 뜻입니다. '여래'는 부처의 출현을 가능케 하는 근본 원리입니다. 이것이 선심입니다. 스즈키 선사는 산중선원山中禪院 주위의 산에서 자라는 유카 나무의 커다란 칼 모양 잎사귀의 갈라진 끝으로 이 글씨를 써놓고 이렇게 말했습니다.

"이것은 세상 모든 것이 여래라는 뜻입니다."

선심을 실천하기 위해서는 초심初心을 간직해야 합니다. 선 수행 내내 '나는 무엇인가?'라는 첫 물음의 순수함이 필요합니다. 초심은 비어 있고, 숙련자가 갖는 여러 가지 습관에 물들지 않은 상태이며, 어떤 가능성이든지 받아들이거나 의심할 준비가 되어 있으며, 모든 가능성에 열려 있습니다. 이것은 사물을 있는 그대로 볼 수 있는 마음, 점진적으로 섬광처럼 만물의 본래면목을 알아차릴 수 있는 그런 마음입니다. 이런 선심의 실천이 이 책 전체에 일관되게 언급되고 있습니다.

이 책은 '명상을 할 때나 일상생활을 할 때 어떻게 초심을 유지하는가'라는 질문에 대해 직간접적으로 이야기하고 있습니다. 스즈키 선사는 가장 단순한 언어를 사용하며 일상생활의 상황을 통해서 초심을 간직하는 것에 대해서 가르치는데, 이것은 아주 오래된 교수 방식입니다. 이렇게 가르치는 스승 밑에서는 제자가 스스로 배워야 합니다.

초심은 도겐 선사께서 아주 좋아하신 표현입니다. 선禪을 하듯 붓글씨를 쓴다는 것은, 마치 처음 시작하는 사람처럼 가장 직접적이고 단순한 방식으로 글씨를 쓰는 것을 말합니다. 능숙한 솜씨로 아름답게 쓰려고 애쓰지 않고, 마치 자신이 쓰고 있는 것을 처음 쓰듯이 모든 주의를 기울여서 단지 쓰기만 하는 것입니다. 그렇게 하면 본성 전체가 글쓰기에 담길 것입니다. 이것이 순간순간 수행하는 방식입니다.

이 책은 스즈키 선사의 가까운 제자이며 로스앨터스Los Altos 선 모임을 조직한 마리안 더비Marian Derby의 발상으로 만들어지게 되었습니다. 스즈키 선사는 이 모임의 명상회에 일주일에 한두 번 함께하면서, 명상이 끝난 다음에는 늘 그들의 수행을 격려하고 그들이 가지고 있는 문제를 해결하는 데 도움을 주기 위해 법문을 하시곤 했습니다. 마리안은 그 법문을 녹음했고, 이 모임이 발전하면서 법문도 연속성과 발전성을 갖게 되어 충분히 한 권의 책이 될 만하다고 생각했습니다. 그렇게 책으로 엮으면 스즈키 선사의 뛰어난 정신과 가르침에 대한 요긴한 기록이 될 수 있다고 의견을 모았습니다. 그래서 마리안은 여러 해 녹음한 것을 토대로 이 책의 초고를 만들었습니다.

그다음, 스즈키 선사의 가까운 제자인 트루디 딕슨 Trudy Dixon 이 출판을 위해서 원고를 편집하고 정리했습니다. 그는 선원 간행물인 《풍경風磬》을 편집한 경험이 많은 사람이었습니다. 그러나 이런 책을 편집하는 것은 결코 쉬운 일이 아닙니다. 왜 그런지를 말하는 것이 독자들이 이 책을 이해하는 데 도움이 될 듯싶습니다. 스즈키 선사는 불법佛法을 설명할 때 사람들이 일상생활에서 쓰는 말을 사용하는, 가장 어렵지만 설득력 있는 방식을 택했습니다. 그러면서 "차 한잔 하게"처럼 단순한 표현으로 가르침 전체를 전달하려고 애썼습니다. 편집자가 의미의 명료성이나 문법 때문에 법문의 진짜 의미를 삭제해버리지 않기 위해서는, 이런 표현 배후에 함축된 의미를 깨닫고 있어야만 합니다.

스즈키 선사를 잘 알지 못하고, 그와 함께 수행한 경험이 없다면, 어떤 표현의 배후에 있는 그의 인격이나 힘 또는 의지와 같은 배경을 간과하기 쉽습니다. 또한 어떤 사실을 이해하기 위해서 반복, 외견상 모호한 논리, 그리고 시詩를 필요로 하는 독자들의 보다 깊은 마음을 삭제해버리기도 쉽습니다. 의미가 모호한 구절이거나 명백한 구절이거나, 이 사람이 왜 이런 말을 하는 것일까 곰곰이 생각하면서 세심한 주의를 기울여서 읽을 때 진정한 의미가 확연히 밝혀지는 경우가 종종 있습니다.

영어는 기본적으로 이원성에 바탕을 둔 언어이고, 일본어처럼 여러 세기에 걸쳐 비이원적인 불교 사상을 표현하는 방식을 계발할 기회가 없었다는 사실은 편집을 더욱 어렵게 만들었습니다. 스즈키 선사는 문화적으로 상이한 이 두 언어로, 일본어식 사유 방식과 서구식 사유 방식을 섞어서 자신을 표현했습니다. 그의 법문에서 이 둘은 시적으로 그리고 철학적으로 융합되었습니다. 그러나 원고에서는 말에 보다 깊은 의미를 부여하고 생각을 통합시켜주는 말의 멈춤, 리듬, 그리고 목소리의 강약 등이 사라지기 쉽습니다. 이런 이유 때문에 트루디는 스즈키 선사의 원래 말씀과 그 향기를 보존하면서 동시에 이해할 만한 영어 원고를 만들기 위해서, 여러 달 동안 혼자서 때로는 선사와 함께 작업을 하면서 원고를 만들었습니다.

트루디는 이 책을 내용에 따라 '바른 수행' '바른 태도' '바른 이해' 3부로 나누었는데, 이것은 대체로 몸, 느낌, 마음에 해당합니다. 트루디는 또한 각 법문에 제목을 붙이고 본문에서 발췌한 주요 문구를 붙였습니다. 물론 책을 이렇게 3부로 나누고 각 법문에 제목을 붙이고 발췌문을 선택한 것은 임의로 결정한 것입니다. 트루디는 각 파트의 제목, 법문의 제목, 그리고 발췌문과 법문 사이에 일종의 긴장이 조성되도록 그렇게 한 것입니다. 본문과 이들 덧붙여진 요소들과의 관계는 독자가 그 법문을 이해하는 데 도움을 줄 것입니다. 로스앨터스 모임에서 하지 않은 유일한 말씀은 '끝맺는 말'인데, 이것은 선원이 샌프란시스코의 새 본부로 이사한 후에 행해진 두 법문을 요약한 것입니다.

트루디는 이 책의 작업을 마친 후 얼마 지나지 않아서, 서른 살의 나이에 암으로 세상을 떠났습니다. 유족으로는 자녀인 애니와 윌 두 명과 화가인 남편 마이크가 있습니다. 마이크는 이 책에 있는 파리 그림을 헌정했습니다. 여러 해 동안 선 수행을 한 그에게 이 책을 위해서 무언가를 해달라고 청하자 그는 이렇게 말했습니다. "저는 선화禪畵는 그리지 못합니다. 저는 그저 그릴 줄은 알지만, 무엇을 위한 그림은 못 그립니다. 정말로 좌구坐具나 연꽃 또는 선이나 명상과 관련된 것은 그릴 수 없습니다. 하지만 선화가 무엇인지는 잘 알고 있습니다."

마이크의 그림에는 사실적으로 그려진 파리가 종종 등장합니다. 스즈키 선사는 마치 자고 있는 듯 움직이지 않고 앉아서 지나가는 모든 곤충을 알아챌 만큼 또렷이 깨어 있는 개구리를 매우 좋아했습니다. 아마도 마이크가 헌정한 그림의 파리는 그 개구리를 기다리고 있는 중일 것입니다.

저는 이 책을 만드는 데 처음부터 끝까지 트루디와 함께했습니다. 그녀는 저에게 이 책의 편집을 마무리해서 출판해줄 것을 부탁했습니다. 몇몇 출판사와 접촉한 결과, 존 웨더힐 출판사의 메레디스 웨더비와 오디 보크가 이 책을 우리의 의도대로 다듬고 꾸며서 출판해줄 수 있다고 하였습니다. 책이 발행되기 전에, 고마자와 대학교의 불교학과 학과장이며 뛰어난 인도불교 학자이신 미즈노 고겐 교수께서 원고를 읽고 검토해주셨습니다. 그는 산스크리트어와 일본어로 된 불교 용어들을 음역하는 일을 흔쾌히 도와주셨습니다.

스즈키 선사는 법문 중에 가끔 언급하신 것 외에는 자신의 과거에 대해서 거의 말씀이 없었습니다. 하지만 제가 드문드문 들은 이야기를 꿰어 맞추어보면 이렇습니다. 그는 교쿠준 선사의 제자였습니다. 그에게는 다른 스승들도 있었습니다. 그 가운데 가장 큰 영향을 주신 분은 도겐 선사에 대한 권위자이자 뛰어난 설법가였던 키시자와 이안 선사입니다. 키시자와 선사는 도겐 선사의 가르침과 공안公案, 특히 《벽암록》과 여러 경전을 깊이 있고 주의 깊게 이해할 것을 강조했습니다. 스즈키 선사는 열두 살 때 아버지의 제자인 교쿠준 선사 밑에서 행자 생활을 시작했습니다. 그렇게 여러 해를 지낸 후, 고마자와 대학교와 에이헤이지永平寺와 소지지總持寺 등 조동종의 주요 선원에서 학업과 수행을 계속해나갔습니다. 길지 않은 기간이지만 임제종의 스승에게 배운 적도 있습니다.

그가 서른 살 때 교쿠준 선사가 입적했습니다. 그래서 비교적 젊은 나이에, 교쿠준 선사가 입적하기 얼마 전에 입적한

아버지의 선원과, 교쿠준 선사가 이끌던 선원을 모두 책임지게 되었습니다. 교쿠준 선사가 이끌던 임소인 선원은 규모가 작았지만 2백 개 정도의 말사를 거느리고 있었습니다. 그에게 주어진 중요한 임무 중 하나는 임소인 선원을 스승이 원하던 대로 재건축하는 일이었는데, 그것은 자신도 바라던 일이었습니다.

그는 1930~40년대에 임소인 선원에서 일본의 군국주의 침략에 의문을 제기하는 모임을 이끌었습니다. 그것은 당시 일본에서는 아주 이례적인 일이었습니다. 그는 전쟁 전에, 그리고 젊어서부터 스승의 강력한 권고에 따라 미국행에 관심이 있었습니다. 하지만 전쟁이 일어났고 미국행을 포기했습니다. 그러나 1956년에, 그리고 1958년에 조동종 지도자 중 한 사람이던 친구가 샌프란시스코에 가서 그곳에 있는 일본인 조동종 신도들을 지도해줄 것을 끈질기게 요청했습니다. 이런 요청을 세 차례 받자, 스즈키 선사는 그 요청을 수락했습니다.

그는 1959년 55세 때 미국에 왔고, 귀국을 몇 번 연기한 끝에 미국에 머물기로 결정했습니다. 그가 미국에 머물기로 결심하게 된 동기는 미국인들이 초심을 지니고 있다는 것을 발견했기 때문입니다. 그는 미국인들이 선에 대한 선입견이 별로 없고, 선에 대해서 대단히 개방적이며, 선이 자신들의 삶에 도움이 된다고 확실히 믿고 있으며, 일상생활에서 어떻게 선적인 삶을 살 수 있는가를 묻고 있다는 것을 알았습니다. 그가 미국에 도착하고 얼마 지나지 않아 몇 사람이 그에게 찾아와서 함께 선을 공부할 수 있는지 물었습니다. 그는 매일 이른 아침에 좌선을 하고 있으니 원한다면 와서 함께해도 좋다고 대답했습니다. 그 이후 모임이 점점 성장해서 그를 중심으로 상당히 큰 규모의 선 모임이 여럿 생겼습니다. 지금은 캘리포니아의 여섯 곳에 그러한 선 모임이 있습니다.

현재 스즈키 선사는 60명 정도가 공동생활을 하면서 좌선 모임에는 더 많은 사람들이 규칙적으로 참여하고 있는 샌프란시스코 페이지 가 300번지에 있는 선원이나 카멜 계곡 위 타사하라 스프링스에 있는 산중선원에서 지내고 있습니다. 산중선원은 미국 최초의 선원으로, 그곳에는 3개월 또는 그 것보다 더 오랜 기간 수행하는 60여 명의 제자들이 살고 있습니다.

트루디는 독자들이 스즈키 선사의 제자들이 스승에 대해서 어떻게 느끼는지를 아는 것이 이 책에 실린 선사의 말씀을 이해하는 데 가장 도움이 될 것이라고 느꼈습니다. 스즈키 선사가 제자들에게 준 것은 이 책에 실린 말씀에 대한 살아 있는 증명, 그리고 불가능해 보이는 목표들이 이 생에서 실현될 수 있다는 것에 대한 문자 그대로의 살아 있는 증명입니다. 여러분의 수행이 깊어질수록 스승의 마음은 더욱더 깊다는 것을 발견하게 될 것입니다. 그리고 마침내 여러분의 마음과 스승의 마음이 모두 부처의 마음임을 보게 될 것입니다. 또한 여러분의 좌선 명상이 여러분의 진정한 본성을 가장 완벽하게 표현하는 것임을 알게 될 것입니다. 트루디가 스승이신 스즈키 선사께 보낸 다음과 같은 찬사는 선가禪家에서 스승과 제자의 관계가 어떤 것인지를 대단히 잘 묘사하고 있습니다.

"선사는 모든 인간에게 잠재되어 있는 완전한 자유를 실현한 분입니다. 그는 존재의 충만함 속에서 자유롭게 존재합니다. 그의 의식의 흐름은 일반적인 자아 중심적 의식의 고정되고 반복적인 패턴이 아니라, 현재의 실제적인 상황에서 자발적으로 자연스럽게 일어납니다. 현재의 실제적인 상황에 자발적으로 반응하는 그의 의식의 흐름은 그의 삶을 쾌활함, 활기, 솔직함, 단순함, 겸손함, 차분함, 유쾌함, 믿을 수 없을 정도의 깊은 통찰력, 그리고 깊이를 알 수 없는 자비심 같은 비범함으로 이어지게 만듭니다. 그의 존재 전체가 현재라는 실재 속에 산다는 것이 무엇을 의미하는지 증언하고 있습니다. 어떤 말이나 행동 없이도, 단지 그렇게 고양된 존재와 만나는 것만으로도 삶의 방식 전체가 송두리째 바뀌기에 충분합니다.

그러나 정작 제자를 당혹스럽게 하고, 호기심을 불러일으키고, 깊게 만드는 것은 그의 비범함이 아니라 철저한 일상성입니다. 그는 단지 그 자신이기에 제자들의 거울이 됩니다. 그와 함께 있을 때 우리는 우리 자신의 장점과 단점을 알아차리게 되지만, 어떤 칭찬이나 비난을 받는다는 느낌이 없습니다. 그의 현존 속에서 우리는 우리의 참모습을 봅니다. 그리고 우리가 보는 그의 비범함은 우리 자신의 진정한 본성일 따름입니다. 우리가 우리의 본성을 자유롭게 표현할 수 있게 될때, 불심佛心이 펼쳐지는 존재의 깊은 흐름과 기쁨 속에서 스승과 제자 사이의 모든 경계가 사라집니다."

초심

"시작하는 사람의 마음에는 가능성이 많지만, 숙련된 사람의 마음에는 가능성이 아주 조금밖에 없습니다."

　사람들은 선 수행이 어렵다고 합니다. 하지만 왜 어려운지에 대해서는 한 가지 오해가 있습니다. 선 수행하기가 어려운 것은 결가부좌 자세로 앉아 있는 것이 힘들거나, 또는 깨달음을 얻기가 힘들어서가 아닙니다. 선 수행이 어려운 것은 우리의 마음과 수행을 근본적인 의미에서 순수하게 유지하기가 힘들기 때문이지요. 선종禪宗은 중국에서 확립된 이래 여러 방향으로 발전했습니다. 그러나 그와 동시에 본래의 순수성을 점점 잃어버렸습니다. 지금 중국의 선이나 선의 역사를 이야기하자는 것이 아닙니다. 저는 여러분의 수행이 순수성을 잃지 않도록 돕는 데 관심이 있을 뿐입니다.

　일본에서는 '초심初心'이라는 말을 쓰는데, '시작하는 사람의 마음'이라는 뜻입니다. 수행의 목표는 시작할 때 지녔던 마음을 항상 유지하는 것입니다. 《반야심경》을 오직 한 번만 독송한다고 생각해보십시오. 그러면 그것은 아주 훌륭한 독송이 될 것입니다. 그러나 두 번, 세 번, 네 번, 또는 그 이상 독송한다면 어떻게 될까요? 아마 처음 독송할 때의 마음 자세를 잃어버리기 쉬울 것입니다. 똑같은 일이 여러분의 선 수행에도 일어날 수 있습니다. 얼마 동안은 처음 시작할 때의 마음을 유지하겠지요. 그러나 1년, 2년, 3년 또는 그 이상 계속해나가다 보면, 어떤 점에서는 향상이 있겠지만 본래 마음이 지니고 있는 무한한 가능성을 잃어버리기 쉽습니다.

선을 공부하는 사람에게는 이원적二元的이 되지 않는 것이 가장 중요합니다. 우리의 '본래 마음'은 그 자체 안에 모든 것을 포함하고 있습니다. 본래 마음 안에는 부족한 것이 없습니다. 스스로 충분한 상태인 이런 마음을 잃어버리지 않아야 합니다. 이 말은 마음을 닫으라는 뜻이 아니라, 빈 마음과 준비된 마음 상태를 유지하라는 뜻입니다. 여러분의 마음이 비어 있다면 그것은 무엇이든 항상 받아들일 준비가 되어 있는 것입니다. 모든 것에 대해서 열려 있는 상태라고 할 수 있겠지요. 시작하는 사람의 마음에는 가능성이 많지만, 숙련된 사람의 마음에는 가능성이 아주 조금밖에 없습니다.

분별이 너무 많으면 스스로를 제한하게 됩니다. 바라는 것이 많거나 갈망이 크면 마음이 스스로 풍요롭고 만족스럽지 못합니다. 스스로 충족된 본래 마음을 잃으면 모든 계율을 잃게 될 것입니다. 마음에 바라는 것이 많아서 이것저것 무엇인가를 갈구한다면 스스로 지키겠다고 결심한 계율, 예를 들어 거짓말하지 마라, 도둑질하지 마라, 살생하지 마라, 음행하지 마라 등을 범하고 말 것입니다. 그러나 본래 마음을 간직한다면 그런 계율은 저절로 지켜질 것입니다.

처음 시작하는 사람의 마음속에는 '나는 무엇을 얻었다'는 생각이 없지요. 자기중심적인 생각은 모두 우리의 광대한 마음을 제한합니다. 무엇을 성취했다는 생각이 없는 사람, 자기에 대한 생각이 없는 사람, 그것이 진정으로 시작하는 사람입니다. 이런 마음이라야 진정으로 무언가를 배울 수 있습니다. 처음 시작하는 사람의 마음은 모든 것을 자비롭게 받아들일 준비가 되어 있지요. 자비로워지면 마음이 한없이 넓어집니다. 우리 종파의 창시자인 도겐 선사께서는 한없이 넓은 본래 마음을 회복하는 것이 얼마나 중요한지를 늘 강조하셨습니다. 우리는 본래 마음 상태에 있을 때 스스로에게 항상 진실할 수 있고, 모든 존재와 공감할 수 있으며, 그때 비로소 수행도 할 수 있습니다.

처음 시작하는 사람의 마음을 늘 유지하는 것은 아주 어려운 일입니다. 선에 대해서 깊이 이해해야만 되는 것은 아닙니다. 역대 선사들의 이야기를 많이 읽을 수도 있겠지만, 매 문장을 처음 읽는 것처럼 읽어야만 합니다. '나는 선이 무엇인지를 안다'거나 '나는 깨달음을 얻었다'는 식이 되어서는 안 됩니다. 항상 시작하는 사람으로 남아 있는 것. 이것은 또한 (모든) 예술의 진정한 비법이기도 합니다. 이 점을 주의하고 또 주의하도록 하세요. 좌선 수행을 시작한다면 시작하는 사람의 마음이 얼마나 중요한지를 알게 될 것입니다. 이것이 선 수행의 비밀입니다.

^{chapter} **3**
바른 이해

初心

禪
이
子
俊隆
쓰다

Chapter

1

바른 수행

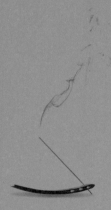

"좌선은 우리의 진정한 본성의 직접적인 표현입니다.
엄격히 말해서 이것 말고는 인간을 위한 다른 수행이 없으며,
이 길 말고는 다르게 사는 길이 없습니다."

·
·
·

"우리가 부르는 '나'라는 것은 숨이 들락날락할 때
안으로 열렸다 밖으로 열렸다 하는 여닫이문에 지나지 않는다."

·
·
·

자세

"바른 자세로 앉으면 저절로 바른 마음 상태가 되기 때문에, 어떤 특별한 마음 상태를 얻기 위해서 애쓸 필요가 없습니다."

오늘은 좌선의 자세에 대해서 이야기해볼까 합니다. 완전한 연화좌蓮華坐로 앉으려면 왼발을 오른발 넓적다리 위에, 오른발을 왼발 넓적다리 위에 놓아야 합니다. 우리는 오른쪽 왼쪽 두 다리를 가지고 있지만, 다리를 이처럼 교차시킬 때 그들은 하나가 되지요. 이 좌법은 둘이 하나임을 표현하는 자세입니다. 이 자세로 앉을 때 다리는 둘도 아니고 하나도 아닙니다.

'둘도 아니고 하나도 아니다'. 이것은 아주 중요한 가르침입니다. 우리의 몸과 마음은 둘도 아니고 하나도 아닙니다. 몸과 마음을 둘이라고 생각한다면 그것은 잘못입니다. 또한 하나라고 하더라도 그 역시 잘못입니다. 몸과 마음은 둘이면서 하나지요. 사람들은 보통 하나가 아니면 하나 이상이라고 생각합니다. 단수가 아니라면 복수라는 것이지요. 그러나 실제 경험에서, 우리의 삶은 복수일 뿐만 아니라 단수이기도 합니다. 우리 각자가 의존적이면서 독립적이니까요.

세월이 어느 정도 흐르면 우리는 모두 죽게 됩니다. 그러나 죽음을 생명의 끝이라고 생각하는 것은 잘못된 생각입니다. 반면에 죽지 않는다고 생각한다면 그 또한 잘못된 생각입니다. 우리는 죽습니다. 그리고 죽지 않습니다. 이것이 바른 이해입니다. 어떤 사람들은 이렇게 말할지도 모릅니다. 죽는 것은 육체뿐이고 마음과 영혼은 영원히 존재한다고. 하지만 이것은 정확한 이해가 아닙니다. 마음과 육체는 모두 그 끝이 있기 때문입니다. 마음과 육체가 끝이 있는 것이 사실이지만, 동시에 마음과 몸이 영원히 존재한다는 것 또한 진실입니다. 우리가 마음과 몸을 별개인 것처럼 말하지만, 사실은 이 둘은 동전의 양면과 같습니다. 이것이 바른 이해입니다.

연화좌로 앉을 때 바로 이 진리를 상징적으로 표현하는 것입니다. 왼발이 몸 오른쪽에 있고 오른발이 몸 왼쪽에 있을 때 어느 쪽이 왼쪽이고 어느 쪽이 오른쪽인지 구별할 수 없습니다. 양쪽이 다 오른쪽이 될 수도 있고 왼쪽이 될 수도 있는 것이지요.

좌선 자세로 앉을 때 가장 중요한 점은 척추를 곧게 펴는 것입니다. 귀와 어깨가 일직선이 되게 하고, 어깨의 긴장을 풀고 머리 뒷부분을 천장을 향해 밀어 올리십시오. 그러면 턱은 저절로 가슴 쪽으로 당겨지게 됩니다. 턱을 쳐들면 자세에 힘이 빠지고 잠에 빠지기 쉽습니다. 또한 자세가 힘을 얻기 위해서는 횡격막을 아랫배 단전 쪽으로 내리눌러야 합니다. 이런 자세는 육체적인 균형과 정신적인 균형을 유지하는 데 도움이 됩니다. 이런 자세를 처음 취하면 자연스럽게 숨쉬기가 어려울 것입니다. 그러나 익숙해지면 자연스럽고 깊은 호흡을 할 수 있습니다.

두 손으로 '법계정인法界定印'을 지어야 합니다. 왼손을 오른손바닥에 가운뎃손가락과 가운뎃손가락이 겹치도록 놓고, 양쪽 엄지손가락 끝을 살짝 닿도록 하면(마치 사이에 종이 한 장을 끼워 들고 있는 듯이) 손은 아름다운 타원형이 될 것입니다. 손에 대단히 귀중한 물건을 들고 있는 것처럼 이 일반적인 인印을 아주 조심스럽게 유지해야 합니다. 이렇게 수인을 지은 손을 엄지손가락이 배꼽 높이에 오도록 해서 몸에 살짝 붙이고 떨어지지 않게 해야 합니다. 팔은 자유롭고 편하게 하되, 팔 밑에 달걀을 깨지지 않게 끼고 있는 것처럼 몸에서 약간 떼어야 합니다.

몸통은 전후좌우 어느 쪽으로도 기울지 않아야 합니다. 머리로 하늘을 떠받치고 있는 것처럼 꼿꼿이 앉아 있어야 합니다. 좌법坐法은 단순히 자세나 호흡의 문제가 아닙니다. 바른 자세로 앉는 것은 부처님 가르침의 핵심이며, 불성佛性의 완전한 표현입니다. 부처님의 가르침을 진정으로 이해하고 싶다면 이런 식으로 수행해야 합니다. 바른 자세로 앉는 것은 바른 마음 상태를 얻기 위한 수단이 아닙니다.

바른 자세를 취하는 것 자체가 우리의 수행 목표입니다. 바른 자세로 앉으면 저절로 바른 마음 상태가 되기 때문에, 어떤 특별한 마음 상태를 얻기 위해서 애쓸 필요가 없습니다. 무언가를 얻고자 하면 마음은 이리저리 방황하기 시작하지요. 그러나 어떤 것도 얻으려고 애쓰지 않을 때, 지금 여기서 여러분 자신의 몸과 마음으로 현존할 수 있습니다. 어떤 선사는 "부처를 만나면 부처를 죽여라!"라고 말했습니다. 다른 곳 어딘가에 부처가 있다면 그를 죽이십시오. 그대들 자신의 불성을 되찾아야 하기에, 밖에 부처가 있다면 그를 죽여야 하는 것입니다.

무엇을 하는 것은 우리의 본성이 표현되는 것입니다. 우리는 우리들 자신을 위해서 존재합니다. 다른 무엇을 위해서 존재하는 것이 아니지요. 이것이 우리가 살펴본 자세 속에 포함되어 있는 근본적인 가르침입니다. 앉는 데 규율이 있는 것처럼, 선방禪房에는 서 있는 데에도 몇 가지 규율이 있습니다. 모든 사람을 똑같이 만들려고 이런 규율이 있는 것이 아닙니다. 이런 규율은 오히려 저마다 자신을 가장 자유롭게 표현하도록 하기 위해서 있는 것입니다. 예컨대 우리는 저마다 자기만의 서 있는 방식이 있습니다. 그래서 서 있는 자세는 각자 몸의 비율을 바탕으로 합니다.

서 있는 법은 이렇습니다. 발꿈치를 자신의 주먹 크기 정도로 벌리고, 두 엄지발가락은 가슴 한복판과 일직선이 되도록 합니다. 좌선에서처럼 아랫배 단전에 약간 힘을 줍니다. 여기서도 역시 손은 그대들 자신을 표현해야만 합니다. 왼손 엄지손가락을 다른 네 손가락으로 말아 쥐고 가슴 정면에 두고, 오른손으로 왼쪽 손등을 감쌉니다. 왼손 엄지손가락 끝이 아래를 향하도록 하고, 팔꿈치에서 손목에 이르는 부분이 바닥과 평행이 되도록 하십시오. 그러면 절집의 크고 둥근 기둥을 끌어안고 있는 듯이 느껴질 것입니다. 이런 자세를 취하면 몸이 구부정해지거나 어느 한쪽으로 기울어질 수 없겠지요.

가장 중요한 점은 자신의 몸을 자신이 소유하는 것입니다. 자세가 구부정해지면 자기 자신을 잃게 되고, 마음이 어디론가 방황하게 됩니다. 그러면 그대들은 그대들의 몸 안에 있지 않을 것입니다. 그래서는 안 되겠지요. 우리는 반드시 바로 지금, 바로 여기에 있어야 합니다! 이것이 핵심입니다. 자신의 몸과 마음을 소유해야만 합니다. 모든 것이 정확한 자리에 정확한 방식으로 있어야 합니다. 그러면 아무 문제가 없습니다. 제가 사용하는 이 마이크가 제가 이야기할 때 여기가 아닌 다른 곳에 있다면 마이크로서 쓸모가 없겠지요. 이처럼 우리가 자신의 몸과 마음을 법도에 맞게 소유할 때 다른 모든 것도 정확한 자리에 정확한 방식으로 존재할 것입니다.

그러나 사람들은 이 점을 깨닫지 못하고 자기 자신이 아닌 다른 것들을 바꾸려고 애쓰고, 밖에 있는 것들을 정리해보려고 하지요. 그러나 자신이 법도에 맞게 정연하게 존재하지 못하면 다른 것들을 정돈하는 것은 불가능합니다. 무슨 일이든지 정확한 때, 정확한 방식으로 한다면 모든 것이 바르게 정돈될 것입니다. 그대들이 '주인'입니다. 주인이 잠들면 그대들의 존재 전체가 잠이 듭니다. 주인이 무언가를 바르게 한다면 그대들의 존재 전체가 모든 일을 정확한 때, 정확한 방식으로 할 것입니다. 이것이 불법佛法의 비밀입니다.

그러므로 항상 바른 자세를 유지하는 데 힘을 쏟기 바랍니다. 좌선을 할 때뿐만 아니라 무슨 일을 할 때라도 그래야 합니다. 바른 자세로 운전을 하고, 바른 자세로 책을 읽으십시오. 만약 구부정한 자세로 독서를 한다면 맑은 정신을 오래 유지할 수 없을 겁니다. 한번 해보세요. 바른 자세를 유지하는 것이 얼마나 중요한지 알게 될 것입니다. 이것이 진정한 가르침입니다. 종이에 쓰여 있는 것은 진정한 가르침이 아닙니다. 종이에 쓰인 가르침은 두뇌를 위한 음식에 지나지 않습니다. 물론 두뇌를 위해서도 어느 정도 음식을 섭취하는 것이 필요합니다. 하지만 바른 방식으로 사는 수행을 통해서 자기 자신으로 존재하는 것이 더 중요합니다.

이것이 부처님께서 당신 시대의 종교들을 받아들일 수 없었던 이유입니다. 부처님은 여러 종교의 가르침을 공부하셨습니다. 그러나 그들의 수행에 만족할 수 없었습니다. 고행을 통해서도, 철학을 통해서도 답을 얻을 수 없었지요. 그분은 어떤 형이상학적 존재가 아니라 지금 여기에 있는 자신의 몸과 마음에 관심이 있었습니다. 그리고 마침내 자기 자신을 찾았을 때, 존재하는 모든 것들이 불성을 지니고 있음을 알게 되었지요. 이것이 그분의 깨달음입니다.

깨달음은 어떤 기분 좋은 느낌이나 어떤 특별한 마음 상태가 아닙니다. 바른 자세로 앉아 있을 때의 마음 상태, 그 자체가 깨달음입니다. 좌선에 들었을 때 그대들의 마음 상태에 만족할 수 없다면, 그것은 그대들의 마음이 아직 방황하고 있다는 뜻입니다. 좌선을 하고 있는 동안 몸과 마음이 흔들리거나 방황해서는 안 됩니다. 정확한 자세로 앉아 있다면 바른 마음 상태에 대해서 이야기할 필요가 없습니다. 정확한 자세로 바르게 앉아 있다면 이미 바른 마음 상태가 된 것이니까요. 이것이 불법의 결론입니다.

호흡

"우리가 부르는 '나'라는 것은 숨이 들락날락할 때 안으로 열렸다 밖으로 열렸다 하는 여닫이문에 지나지 않습니다."

좌선을 할 때 마음은 항상 호흡을 따라다닙니다. 숨을 들이마실 때는 공기가 내부 세계로 들어오고, 내쉴 때는 외부 세계로 나가지요. 내부 세계는 무한합니다. 그리고 외부 세계역시 무한합니다. 우리가 '내부 세계'니 '외부 세계'니 하고말하지만 실제로는 하나의 큰 세계가 있을 뿐입니다.

이 무한한 세계 속에서 우리의 목구멍은 앞뒤로 열렸다 닫혔다 하는 하나의 여닫이문과 같습니다. 누군가가 여닫이문을 통해서 들어왔다 나갔다 하는 것처럼 공기가 목구멍을 통해서 들락날락합니다. 그대들이 '내가 숨 쉬고 있다'고 생각한다면, 그 '나'는 군더더기입니다. 숨이 들고 나는 데에는 '나'라고 할 수 있는 누군가가 없습니다. 우리가 부르는 '나'

라는 것은 숨이 들락날락할 때 안으로 열렸다 밖으로 열렸다 하는 여닫이문에 지나지 않습니다. 이 문은 그저 안으로 열렸다 밖으로 열렸다 할 뿐입니다. 그게 전부입니다.

마음이 숨의 움직임을 따라다닐 수 있을 만큼 충분히 순수하고 고요하다면 거기에는 아무것도 없습니다. '나'도 없고, 세상도 없고, 마음도 몸도 없습니다. 그저 하나의 문이 안으로 열렸다 밖으로 열렸다 할 뿐이지요.

좌선을 할 때 존재하는 것은 숨의 움직임뿐입니다. 하지만 우리는 이 움직임을 알아차려야 합니다. 절대로 방심하면 안 됩니다. 방심하면 이 움직임을 놓칩니다. 숨의 움직임을 알아차리는 것은 그대들의 작은 자아를 의식하는 것이 아니라, 우주적인 자아 또는 불성을 자각하는 것입니다. 이런 알아차림이 매우 중요한데 사람들은 보통 매우 일방적이기 때문입니다. 삶을 보는 눈도 대개는 '너와 나' '이것과 저것' '좋고 나쁨'처럼 이원적二元的이지요.

그러나 실제로는 이런 분별조차도 그 자체가 보편적인 존재에 대한 알아차림입니다. '너'라는 것은 우주를 너라는 형식으로 알아차리는 것이고, '나'라는 것은 우주를 나라는 형식으로 알아차리는 것이지요. 숨이 들어올 때 세상을 나라는 형식으로 알아차리고, 내쉴 때 너라는 형식으로 알아차리는 것입니다. 이처럼 너와 나라는 인식은 안으로 열렸다 밖으로 열렸다 하는 문에 지나지 않습니다. 이런 이해가 꼭 필요합니다. 하지만 이것을 이해라고 불러도 안 됩니다. 이것은 선 수행을 통해서 얻는 진정한 삶의 체험입니다.

그래서 좌선에 들어가면 시간이나 공간에 대한 관념이 사라집니다. 여러분이 "우리는 이 방에서 6시 15분 전에 좌선을 시작했다"고 말합니다. 그러면 '6시 15분 전'이라는 시간 관념과 '이 방'이라는 공간 관념을 갖고 있는 셈이 되지요. 하지만 여러분이 실제로 하고 있는 것은 그저 가만히 앉아서 우주의 활동을 알아차리고 있는 것뿐입니다. 이것이 전부입니다. 이 순간 문이 한 방향으로 열리고 있으며, 다음 순간에는 반대 방향으로 열릴 것입니다. 우리는 각자 순간순간 이 활동을 반복하고 있습니다. 문이 이 방향으로 열렸다 저 방향으로 열렸다 하는 데에는 시간이나 공간 관념이 없습니다. 시간과 공간은 하나입니다.

아마 "나는 오늘 오후에 무엇을 해야만 한다"고 말할 수 있겠지요. 하지만 실제로는 오늘 오후라는 시간은 존재하지 않습니다. 차례대로 그저 하나씩 행위를 해나갈 뿐이지요. 이게 전부입니다. '오늘 오후'라든가 '한 시' 또는 '두 시' 같은 시각은 없습니다. 만약 한 시에 점심을 먹는다고 합시다. 그러면 점심을 먹는 것 그 자체가 한 시입니다. 여러분은 한 시에 어딘가에 있을 것입니다. 그런데 여러분이 있는 장소와 한 시라는 그 시간은 분리될 수 없지요. 삶을 제대로 이해하는 사람에게 시간과 공간은 하나입니다.

그러나 지치고 피곤하면 이렇게 말합니다. "여기는 점심 먹기에는 영 별로구먼. 여기로 오지 말고 다른 데로 갈걸." 마음은 이렇게 실제 그 시간과 연결된 그 장소에서 분리된, '다른 데'라는 가상의 공간 관념을 만들어냅니다.

또한 여러분은 "이건 나쁘니까 하지 말아야지"라고 말할 수도 있겠지요. 그러나 실제로는 "이건 하지 말아야지"라고 말하고 무언가를 하지 않는 순간 '하지 않음'을 하고 있는 것입니다. 여기에는 여러분이 선택할 여지가 없습니다. 시간과 공간이 분리되어 있다는 관념을 가지고 있으면, 마치 자신에게 무언가를 하거나 하지 않을 선택권이 있는 것처럼 느끼겠지요. 하지만 실제로는 무엇을 하거나 '하지 않음'을 해야만 하지요. 어떤 것을 하지 않는 것도 '하지 않음'이라는 무엇인가를 하는 것입니다. 좋고 나쁜 것은 오직 그대들의 마음속에만 있습니다.

그러므로 '이건 좋다'거나 '이건 나쁘다'는 식으로 말하면 안 됩니다. 무엇이 나쁘다고 말하는 대신 그냥 "하지 않겠어!"라고 하면 됩니다. '이건 나쁘다'는 생각이 든다면, 있지도 않은 무언가 좋은 것을 가상으로 만들어놓고 실제와 혼동하고 있다는 뜻입니다.

그래서 순수한 종교의 영역에는 시간과 공간, 그리고 좋음과 나쁨의 분별이나 혼동이 없습니다. 우리가 해야 할 것은 단지 앞에 닥친 일을 차례로 하는 것뿐입니다. 무엇인가를 하십시오! 그게 무엇이든, 비록 그것이 무엇을 하지 않는 것일 지라도 우리는 그 '하지 않음'을 해야만 합니다. 이 순간을 살아야만 합니다. 우리는 앉아서 숨이 들어오고 나가는 것에 주의를 집중하며, 안으로 열렸다 밖으로 열렸다 하는 문이 되며, 우리가 해야 할 일을 하고, 우리가 하지 않을 수 없는 그 무엇을 하는 것입니다. 이것이 선 수행입니다. 이 수행에는 아무런 혼동도 없습니다. 만약 여러분이 이런 종류의 삶을 확립한다면 어떤 혼동도 하지 않게 될 것입니다.

유명한 도겐 선사께서 이런 시를 읊었습니다.

푸른 산은 흰 구름의 아버지
흰 구름은 푸른 산의 아들
온종일 서로 의지하고 있지만
서로 걸리지 않네
흰 구름은 늘 흰 구름
푸른 산은 늘 푸른 산일 뿐.

삶에 대한 순수하고 투명한 해석이 아닐 수 없습니다. 흰 구름과 푸른 산과 같은 관계는 얼마든지 있을 수 있겠지요. 남자와 여자의 관계도 그러할 것이고, 스승과 제자의 관계도 그러할 것입니다. 푸른 산과 흰 구름은 서로 의지하고 있습니다. 그러나 푸른 산이 흰 구름을 귀찮게 하지도 않고, 흰 구름이 푸른 산을 성가시게 하지도 않습니다. 이들은 완전히 독립적입니다. 하지만 또한 서로 의존적이지요. 이것이 우리가 살아가는 방식이고, 좌선을 수행하는 방식입니다.

우리가 진정한 우리 자신이 될 때, 우리는 앞뒤로 열리는 문이 되고, 완전히 독립적이면서 동시에 모든 것에 의존적인 상태가 됩니다. 공기가 없으면 숨을 쉬지 못합니다. 우리들 각자는 무수히 많은 만물 한가운데 놓여 있습니다. 우리는 순간순간 세상의 중심에 존재하는 것입니다. 우리는 이런 식으로 완전히 의존적이면서 완전히 독립적입니다. 이런 경험이 있고 이런 존재 상태가 된다면, 여러분은 어떤 것의 방해도 받지 않는 절대적인 독립성을 지니게 됩니다. 그러므로 좌선을 할 때 들고 나는 숨에 마음을 집중해야만 합니다. 이런 활동은 우주적인 존재의 기본 행위입니다. 이런 수행과 체험 없이는 절대적인 자유를 얻는 것이 불가능합니다.

통제력

"양이나 소를 크고 널찍한 들판에 풀어놓는 것이 그들을 제어하는 가장 좋은 방법입니다."

불성 안에서 산다는 것은 작은 존재로서의 내가 순간순간 죽고 새로운 존재로 다시 태어나는 것을 의미합니다. 작은 존재로서의 나는 균형이 깨질 때 죽지만, 동시에 보다 성장하고 발전된 존재로 다시 태어납니다. 우리 눈에 보이는 모든 것은 균형을 잃으면서 변화하고 있지요. 모든 것이 아름답게 보이는 이유는, 눈에 보이는 현상은 균형을 잃고 있으나 그 배경은 늘 완전히 조화롭기 때문입니다. 완벽한 균형을 배경으로 순간순간 균형을 잃는 것, 이것이 불성 안에서 모든 것들이 존재하는 방식입니다.

그런데 불성이라는 배경을 알아차리지 못하면 모든 것이 고통을 겪고 있는 것으로 보입니다. 그러나 불성이라는 존재의 배경을 이해한다면, 고통 자체가 우리가 생명을 펼쳐가면서 살아가는 방식이라는 것을 알게 될 것입니다. 이런 이유로 선에서는 때때로 불균형 또는 삶의 무질서를 강조하기도 합니다.

오늘날 일본 전통 미술은 생명력을 잃고 아주 형식적이 되었습니다. 이것이 소위 현대미술로의 발전입니다. 옛날 화가들은 예술적으로 무질서하게 종이 위에 점을 찍는 연습을 하곤 했습니다. 이것은 쉬운 일이 아닙니다. 여러분이 그렇게 해보려고 해도 대개는 어떤 질서가 있는 정돈된 모양이 되는 것이 보통입니다. 무질서하게 점을 찍도록 자신을 통제할 수 있다고 생각할지 모르지만 실제로는 그렇게 할 수 없는 것이지요.

실제 삶에서도 같은 일이 일어납니다. 어떤 사람을 통제해보려고 해도 통제가 되지 않지요. 다른 사람을 조종하는 것은 불가능합니다. 다른 사람을 통제하는 가장 좋은 방법은, 그들이 하고 싶은 대로 하도록 내버려두는 것입니다. 그러면 그들은 보다 넓은 의미에서 제어가 될 것입니다. 양이나 소를 크고 널찍한 들판에 풀어놓는 것이 그들을 제어하는 가장 좋은 방법입니다. 사람도 마찬가지입니다.

먼저 그들이 하고 싶은 대로 하도록 내버려두고, 그저 바라보기만 하십시오. 이것이 가장 좋은 방법입니다. 관심을 갖지 않고 무시해버리는 것은 가장 나쁜 방법이고, 관리하려고 애쓰는 것이 그다음 나쁜 방법입니다. 관심을 갖고 그냥 지켜보기만 하는 것이 가장 좋은 방법입니다. 제어하려고 애쓰지 말고 그저 지켜보기만 하는 것입니다.

여러분에게도 똑같은 방법을 적용하십시오. 좌선을 하는 동안 완전한 평온을 얻고자 한다면 마음에서 일어나는 갖가지 심상心象을 물리치려고 애쓰지 마십시오. 마음속에 어떤 생각이 떠오르면 떠오르게 그냥 놔두세요. 그리고 저절로 가게 내버려두세요. 그러면 조절이 될 것입니다. 그러나 이렇게 하기가 쉽지는 않습니다. 말은 쉬워 보여도 이렇게 되려면 특별한 노력이 필요합니다. 이런 노력을 하는 방법이 수행의 비밀이지요.

만약 분위기가 썩 좋지 않은 상황에서 좌선을 하고 있다고 생각해봅시다. 그럴 때는 마음을 고요하게 하려고 아무리 애를 써도 고요해지지 않고 오히려 앉아 있기만 어려워집니다. 주변 상황의 방해를 받지 않으려고 애쓰는 것은 올바른 방법이 아닙니다. 이럴 때는 숨을 세거나 들숨과 날숨에 마음을 집중하는 것이 마음을 고요하게 하는 가장 좋은 방법입니다.

우리가 집중이라는 말을 쓰기는 하지만, 마음을 무엇에 집중하는 것이 선의 진정한 목적은 아닙니다. 선의 진정한 목적은 무엇을 있는 그대로 보는 것, 무엇을 있는 그대로 관찰하는 것, 그리고 모든 것이 되어가는 대로 되도록 내버려두는 것입니다. 이것이 가장 넓은 의미의 통제력이라고 할 수 있습니다.

우리의 작은 마음을 여는 것이 선 수행입니다. 집중은 '큰 마음', 또는 모든 것이 마음일 뿐인 바로 그 마음을 깨닫게 도와주는 보조 수단일 뿐입니다. 일상생활에서 선의 진정한 의미를 발견하고자 한다면, 좌선을 하는 동안 마음을 호흡에서 떼지 않는 것과 몸을 바른 자세로 유지하는 것의 의미를 이해해야만 합니다. 수행의 규율을 따라야만 하며, 공부가 점점 더 미묘하고 세심한 지경으로 나아가야만 합니다. 오직 이렇게 함으로써만 선의 생동하는 자유를 경험할 수 있습니다.

도겐 선사께서는 "시간은 현재에서 과거로 흐른다"고 말씀하셨습니다. 이것은 말도 안 되는 소리 같지만, 우리의 수행에서는 때로 진실입니다. 시간이 과거에서 현재로 흐르는 대신 현재에서 과거로 거꾸로 가는 것이지요. 중세 일본에 요시쓰네原義經라는 유명한 무사가 있었습니다. 그는 당시의 정치 상황 때문에 북쪽 지방에 유배되어 거기서 죽임을 당했지요. 그가 유배지로 떠나기 전에 아내에게 작별을 고하자, 그의 아내가 시 한 수를 읊었습니다.

"당신이 실타래에서 실을 풀어내듯이(과거에 감았던 실을 풀어내어 과거로 돌아가듯이), 저는 과거가 현재가 되길 원합니다."

요시쓰네의 아내가 이렇게 노래했을 때, 그녀는 실제로 과거를 현재로 만든 것입니다. 그 순간 그녀의 마음에는 과거가 생생하게 살아 있는 현재였던 것이지요. 도겐 선사 말씀처럼 시간은 이렇게 현재에서 과거로 흐릅니다. 시간이 현재에서 과거로 흐른다는 것은 논리적인 마음에는 진실이 아닙니다. 하지만 과거를 현재로 만드는 실제 체험에서는 시간이 현재에서 과거로 흐른다는 것이 진실이지요. 여기에 시가 있고 삶이 있습니다.

이런 종류의 진리를 경험한다는 것은 시간의 진정한 의미를 발견했다는 뜻입니다. 시간은 끊임없이 과거에서 현재로, 그리고 현재에서 미래로 흘러갑니다. 이것은 진실입니다. 하지만 미래에서 현재를 거쳐 과거로 흘러가는 것 또한 진실이지요. 어떤 선사께서는 이렇게 말했습니다. "동쪽으로 10리를 가는 것은 서쪽으로 10리를 가는 것이다." 이것이 생동하는 자유입니다. 우리는 이런 완전한 자유를 얻어야 합니다.

그러나 규율이 없으면 완전한 자유를 얻지 못합니다. 사람들, 특히 젊은 사람들은 자유란 자기가 하고 싶은 것을 아무 제약 없이 하는 것이라고 생각합니다. 그래서 선에도 규율 따위는 필요 없다고 여깁니다. 그러나 자유롭기 위해서는 절대적으로 어떤 규율이 필요합니다. 물론 항상 통제해야 된다는 말은 아닙니다. 여러분에게 규율이 있다면 자유로울 수 있는 기회가 있습니다. 규율을 받아들이지 않고 자유롭기 위해서 애쓰는 것은 허황된 일입니다. 우리가 좌선 수행을 하는 것은 이런 완전한 자유를 얻기 위해서입니다.

마음의
물결

"우리는 삶의 모든 국면을 큰 마음의 펼쳐짐으로 여기고 즐기기 때문에, 지나친 즐거움을 바라지 않습니다. 그래서 흔들리지 않는 평정을 유지합니다."

좌선을 할 때 생각을 멈추려고 애쓰지 마십시오. 생각이 스스로 멈추도록 내버려두십시오. 어떤 생각이 마음속으로 들어오면 들어오게 내버려두고, 간섭하지 말고 저절로 나가도록 내버려두세요. 그렇게 오래 머물지 않을 것입니다.

생각을 멈추려고 애쓴다면 그것은 생각에 끌려다니며 괴로움을 당하고 있다는 뜻입니다. 어떤 생각에도 끌려다니지 않아야 합니다. 생각이 마치 마음 밖에서 오는 것처럼 보이지만, 실제로는 마음의 물결일 뿐입니다. 여러분이 그 물결에 사로잡히거나 끌려다니지 않는다면 점차 고요하게 가라앉을 것입니다. 5분이나 10분 안에 여러분의 마음은 완전히 고요하고 잔잔해질 것입니다. 그렇게 되면 호흡은 아주 느려지고,

맥박은 조금 빨라질 것입니다.

수행을 하는 동안 마음이 고요하고 잔잔해질 때까지 오랜 시간이 걸릴 수도 있습니다. 여러 가지 감각을 느끼게 되고, 많은 생각과 심상이 일어날 것입니다. 그러나 그 모든 것이 여러분 마음의 물결입니다. 마음 밖에서 오는 것은 아무것도 없습니다.

사람들은 대개 우리 마음이 외부로부터 오는 어떤 인상을 받아들이고 경험하는 것으로 여깁니다. 그러나 그것은 마음에 대한 참다운 이해가 아닙니다. 우리의 마음 안에 모든 것이 갖추어져 있음을 아는 것, 이것이 참다운 이해입니다. 흔히 어떤 것이 밖에서 들어온다고 생각하지만, 실제로는 그것이 여러분 마음에 나타난 것일 뿐입니다. 여러분 밖에 있는 것은 어떤 것이라도 여러분에게 문제를 일으킬 수 없습니다. 여러분 스스로 마음속에서 물결을 일으키는 것이지요. 마음을 그냥 내버려두면 점차 고요해질 것입니다. 이런 마음을 큰 마음이라고 합니다.

만일 여러분 마음이 외부에 무엇이 있다고 본다면 그 마음은 작은 마음, 경계境界에 사로잡힌 마음입니다. 그러나 여러분의 마음이 외부에 있는 어떤 것도 외부에 있는 것이라고 인정하지 않는다면, 여러분의 마음에는 이원적인 견해가 존재하지 않게 됩니다. 그리고 마음에서 일어나는 이런저런 생각이 마음의 물결에 지나지 않는다는 것을 이해하게 됩니다. 큰 마음은 모든 것을 마음 안에 있는 것으로 경험합니다.

모든 것을 갖춘 마음과 밖에 무엇이 있다고 보는 경계에 사로잡힌 마음의 차이를 이해하시겠습니까? 무엇이 밖에 있다고 보든 안에 있다고 보든, 여러분의 마음속 경험은 동일합니다. 하지만 그것이 마음 밖에 있는 것이라고 보는가 아니면 마음 안에 있는 것이라고 보는가라는 이해의 차이에 따라 삶을 대하는 태도가 달라질 것입니다.

마음 안에 모든 것이 갖추어져 있다는 것, 이것이 마음의 본질입니다. 이런 마음을 경험하는 것은 종교적인 느낌을 갖는 것입니다. 물결이 일어나더라도 마음의 본질은 순수합니다. 잔잔한 물결이 일지만 맑은 물임에는 변함이 없는 것처럼 말입니다. 실제 물에는 항상 물결이 있고, 물결은 물의 활동이자 실제 모습이지요. 그러므로 물을 떠나서 물결을 논한다거나, 물결을 고려하지 않고 물을 논하는 것은 망상입니다. 물과 물결은 하나입니다. 큰 마음과 작은 마음도 하나입니다.

자신의 마음을 이런 식으로 이해한다면 어떤 안도감이 생깁니다. 밖으로부터 아무것도 기대하지 않을 때, 마음은 늘 충족된 상태로 채워져 있게 됩니다. 물결이 일고 있는 마음은 혼란스러운 마음이 아니라, 일종의 표현된 마음이라고 할 수 있습니다. 그대들이 경험하는 모든 것이 큰 마음의 자기표현이기 때문입니다.

다양한 경험을 통해서 스스로를 확장해나가는 것이 큰 마음의 활동입니다. 차례로 하나씩 찾아오는 우리의 경험은 어떤 의미에서 보면 항상 새롭고 신선합니다. 그러나 다른 의미에서 보면 하나의 큰 마음이 지속적으로 반복해서 자기 자신을 펼치는 것에 지나지 않습니다. 예를 들어 여러분이 아침에 맛있는 음식을 먹게 된다면 "이거 참 맛있는데"라고 말할 것입니다. 그런데 여러분이 '맛있다'고 말하는 것은, 언제인지는 기억하지 못하더라도 과거에 경험했던 맛이 있기에 할 수 있는 말이지요. 마치 거울을 볼 때 거기에 비친 얼굴이 자기 얼굴임을 알아보는 것처럼, 매번 새로운 것 같은 경험을 하면서도 그 모든 것이 결국은 큰 마음의 자기 경험의 연속임을 알게 됩니다.

이 마음을 잃지 않을까 걱정할 필요가 없습니다. 이 마음은 오는 것도 아니고 가는 것도 아니며, 늙지도 않고, 병들지도 않으며, 죽지도 않습니다. 우리는 삶의 모든 국면을 큰 마음의 펼쳐짐으로 여기고 즐기기 때문에, 지나친 즐거움을 바라지 않습니다. 그래서 흔들리지 않는 평정을 유지합니다. 우리는 큰 마음의 이 흔들리지 않는 평정심으로 좌선을 합니다.

마음속
잡초

"마음속에 잡초가 있는 것을 고마워해야 합니다. 결국은 그것들로 인해서 그대들의 수행이 풍요로워질 것이기 때문입니다."

새벽에 자명종 소리를 듣고 잠자리에서 일어날 때 그리 썩 기분이 좋지는 않을 것입니다. 그 시간에 선방에 가서 앉는 것도 쉬운 일이 아니며, 좌선을 시작한 후에도 잘 앉아 있으려면 스스로 마음을 가다듬지 않으면 안 됩니다. 이런 모든 것이 어려운 이유는 여러분 마음의 물결 때문이지요. 순수한 좌선 중에는 마음에 어떤 물결도 일어나면 안 됩니다. 앉아 있는 동안 마음의 물결이 점차 고요해지고, 좌선을 제대로 하려는 여러분의 노력은 어떤 미묘한 느낌으로 바뀔 것입니다.

사람들은 "잡초를 뽑아 거름으로 쓴다"고 말합니다. 잡초를 뽑아 식물 근처에 묻으면 그것이 거름이 되지요. 이와 마찬가지로 수행을 할 때 어려움이 좀 있더라도, 앉아 있는 동안 마음에 물결이 좀 일더라도, 결국에 그것들이 여러분의 수행에 도움이 될 것입니다. 그러므로 마음의 물결을 성가시게 여길 필요가 없습니다. 여러분은 오히려 마음속에 잡초가 있는 것을 고마워해야 합니다. 결국은 그것들로 인해서 여러분의 수행이 풍요로워질 것이기 때문입니다.

마음속에 있는 잡초가 어떻게 정신을 살리는 거름으로 변하는지를 조금이라도 경험한다면, 여러분의 수행은 놀랄 만큼 나아갈 것입니다. 마음의 잡초가 어떻게 스스로를 살리는 거름으로 바뀌는지를 경험하면서, 수행이 나아가고 있다는 것을 분명히 느끼게 될 것입니다. 우리의 수행에 대해서 어떤 철학적이거나 심리학적인 해석을 하는 것은 크게 어려운 일이 아닙니다. 하지만 그것으로는 충분치 않습니다. 우리는 마음의 잡초가 정신을 살리는 거름으로 변하는 것을 실제로 체험해야 합니다.

어떻게 하려고 애쓰면 마음에 물결이 일어나기 때문에, 엄격히 말하자면 어떤 노력도 수행에는 좋지 않습니다. 그러나 아무 노력도 하지 않고 절대 고요를 성취하기는 불가능합니다. 우리는 어떤 식으로든 노력하지 않으면 안 됩니다. 하지만 노력만 할 뿐 노력하는 우리 자신은 잊어버려야 합니다. 노력하는 주체도 노력이라는 객체도 없는 상태여야 하지요. 그러면 마음은 아무것도 의식하지 않고 고요해집니다. 모든 노력과 모든 관념과 생각이 사라지고, 아무것도 의식하지 않는 고요함만이 남을 것입니다. 그러나 모든 노력이 사라지는 최후의 순간에 이를 때까지는 스스로를 격려하고 노력하는 일이 꼭 필요합니다. 그러기 위해서는 숨 쉬고 있다는 것을 의식하지 않게 될 때까지 마음을 호흡에만 집중해야 합니다.

우리는 이런 노력을 쉬지 않고 계속해야 합니다. 이 모든 것을 잊어도 되는 어떤 단계에 도달하리라고 기대해서는 안 됩니다. 우리는 마음을 호흡에 집중하는 것에만 힘을 써야 합니다. 이것이 우리가 해야 할 수행입니다. 마음을 호흡에 집중하려고 애쓰는 것이 처음에는 힘들 것입니다. 하지만 앉아 있는 동안 수행의 힘으로 노력이 점점 더 부드럽고 순수해질 것입니다. 노력이 부드럽고 순수해지면 몸과 마음도 순수해집니다. 이것이 우리가 선을 수행하는 방법입니다.

체험을 통해서 자신과 주변을 순화하는 힘이 우리 내면에 있다는 것을 알고 나면 적절하게 행동할 수 있고, 주위의 것들로부터 배우게 될 것이며, 다른 사람들과 친밀하게 지낼 수 있을 것입니다. 이것이 선 수행의 장점입니다. 그러나 수행 방법은 바른 자세와 엄청나고도 순수한 노력으로 마음을 호흡에 집중하는 것밖에는 없습니다. 이것이 우리가 선을 수행하는 방법입니다.

선의
정수

"좌선 자세를 취하면, 여러분의 마음과 몸은 유쾌하든지 불쾌하든지 무엇을 있는 그대로 받아들이는 큰 힘을 갖게 됩니다."

《잡아함경》 33권에 네 종류의 말[馬]에 대한 이야기가 나옵니다. 뛰어난 말, 좋은 말, 시원찮은 말, 형편없는 말이 있다는 것이지요. 뛰어난 말은 채찍의 그림자가 보이기도 전에 마부가 바라는 대로 느리거나 빨리, 오른쪽으로나 왼쪽으로 달릴 것입니다. 그다음 좋은 말은 채찍을 보고 그것이 몸에 닿기 전에 그렇게 달릴 것입니다. 세 번째, 시원찮은 말은 채찍을 맞고 아픔을 느껴야 달릴 것입니다. 그리고 마지막, 형편없는 말은 아픔이 뼛속에 파고들어야만 달릴 것입니다. 여러분은 이 마지막 형편없는 말을 달리게 하기가 얼마나 어려울지 충분히 상상할 수 있을 겁니다.

이 이야기를 듣는 사람들은 거의 모두 가장 좋은 말이 되기를 바랄 것입니다. 그럴 수 없다면 그다음 좋은 말이라도 되고 싶겠죠. 제가 보기에 사람들은 이 이야기를 대개 그렇게 이해하며, 선에 대해서도 같은 방식으로 이해하고 있습니다. 여러분 스스로 자신이 가장 좋은 말인지 형편없는 말인지를 좌선을 하고 있는 동안 알 수 있을 것이라고 생각할지 모르겠습니다. 그러나 여기에 선에 대한 오해가 있습니다.

선 수행의 목적이 여러분을 가장 뛰어난 말로 훈련시키는 데 있다고 생각한다면 큰 문제에 부딪치게 됩니다. 이것은 바른 이해가 아닙니다. 바른 방법으로 선 수행을 한다면 여러분이 가장 뛰어난 말인지 가장 형편없는 말인지는 문제가 되지 않습니다. 부처님은 네 종류의 말에 대해서 어떻게 생각하실까요? 그분의 자비로움을 생각해볼 때, 뛰어난 말보다는 가장 형편없는 말에 더 연민을 느끼시지 않을까요?

부처님의 이런 연민의 마음을 갖고 좌선을 하기로 뜻을 굳힌다면, 가장 형편없는 말이 가장 값진 말임을 알게 될 것입니다. 여러분은 자신들의 매우 불완전함 속에서 흔들리지 않는 진정한 구도심의 토대를 발견하게 될 것입니다. 완벽한 자세로 앉아 있을 수 있는 사람이 진정한 선의 길, 선의 실제적인 느낌, 선의 정수에 도달하는 데 시간이 더 걸리는 것이 보통입니다. 그러나 선을 수행하는 데 엄청난 어려움을 느끼는 사람이 오히려 수행의 진정한 의미를 더 깊이 이해하게 됩니다. 그래서 저는 이렇게 생각합니다. 때로는 가장 뛰어난 말이 가장 형편없는 말일 수 있고, 가장 형편없는 말이 가장 뛰어난 말일 수 있다고 말입니다.

　서예를 하다 보면 재주가 없는 사람이 재주 있는 사람보다 나중에 훨씬 더 훌륭한 서예가가 되는 일이 흔히 있습니다. 재주가 있는 사람은 어느 단계에 도달하면 더 이상 발전하지 못하고 큰 어려움을 겪는 경우가 종종 있습니다. 이것은 예술에서도 선에서도 마찬가지이며, 삶에서도 그러합니다. 그러므로 우리가 선 수행자에 대해서 말할 때, 일상적인 의미로 "그는 잘한다"든가 "그는 못한다"는 식으로 말할 수 없습니다. 좌선을 할 때 취하는 자세는 사람마다 다릅니다. 어떤 사람은 결가부좌 자세로 앉는 것이 불가능할 수도 있습니다. 그러나 바른 자세를 취할 수 없더라도 확고부동한 구도심을 낸다면 진정한 의미의 선 수행을 할 수 있습니다. 실제로 바른 자세로 앉는 데 어려움을 느끼는 사람이 쉽게 바른 자세로 앉을 수 있는 사람보다 진정한 구도심을 내기가 더 쉽습니다.

　우리가 일상생활 속에서 하고 있는 일들을 되돌아보면, 스스로 늘 부끄러움을 느끼지 않을 수 없습니다. 언젠가 제자 한 사람이 저에게 이런 내용의 편지를 보낸 적이 있습니다. "선생님께서 달력을 보내주셨지요. 저는 달력의 각 장에 쓰여 있는 훌륭한 경구에 따라 살려고 애쓰고 있습니다. 그러나 새해 벽두부터 경구의 가르침대로 실행하지 못했습니다."

　도겐 선사께서는 "쇼샤쿠 주샤쿠"라고 말씀하셨습니다.

'샤쿠'는 일반적으로 '실수'나 '잘못'을 뜻하는 말입니다. 쇼샤쿠 주샤쿠는 '이 잘못 저 잘못으로 잘못을 계속 이어가는 것' 또는 '한 가지 잘못을 계속하는 것'을 의미합니다. 그런데 도겐 선사에 따르면 한 가지 잘못을 계속하는 것도 선이 될 수 있습니다. 여러 해에 걸쳐서 쇼샤쿠 주샤쿠 하는 것이 선 수행자의 삶이라고 할 수도 있습니다. 오랜 세월 실수와 잘못을 반복했다는 것은 오랜 세월 동안 일념으로 노력했음을 뜻하기 때문이지요.

우리는 "좋은 아버지는 좋은 아버지가 아니다"라고 말합니다. 이게 무슨 말인지 아시겠습니까? 자기가 좋은 아버지라고 생각하는 사람은 좋은 아버지가 아닙니다. 자기가 좋은 남편이라고 생각하는 사람은 좋은 남편이 아닙니다. 스스로 못된 남편이라고 생각하는 사람이 좋은 남편이 되려는 마음 하나만으로 늘 애쓴다면 그가 오히려 좋은 남편이 될 수 있겠지요. 바닥에 앉는 것이 아프거나 힘이 들어서 앉아 있을 수 없다면, 두꺼운 방석이나 의자를 이용해서라도 어쨌든 앉아야 합니다. 그러면 여러분이 가장 형편없는 말이라고 할지라도 선의 정수를 맛보게 될 것입니다.

가령 여러분의 자녀가 불치병에 걸렸다고 생각해봅시다. 그러면 여러분은 어찌할 바를 모르겠지요. 잠자리에 편안히 눕지도 못할 것입니다. 다른 때라면 침대가 포근하고 따뜻한 가장 안락한 장소이겠지만, 아이가 아프니 고민이 되어 편히

쉬지 못하겠지요. 아래층과 위층을 오르락내리락하고, 밖으로 나갔다 안으로 들어왔다 하면서 안절부절못하겠지만 아무 도움이 되지 못하지요. 이럴 때는, 마음이 그토록 혼란스럽고 바른 자세를 취할 수 없을지라도 어떻게든 앉아서 좌선을 하는 것이 마음의 고통을 가라앉히는 최선의 방법입니다. 이런 정도의 어려운 상황에서 앉아 있어본 적이 없는 사람은 선을 배우는 사람이라고 할 수 없습니다.

다른 어떤 행위도 마음의 고통을 가라앉히지 못합니다. 안절부절못하는 태도는 어려움을 수용하는 힘을 제공하지 못합니다. 그러나 길고 어려운 수행을 통해서 체득한 좌선 자세를 취하면, 여러분의 마음과 몸은 유쾌하든지 불쾌하든지 무엇을 있는 그대로 받아들이는 큰 힘을 갖게 됩니다.

불쾌할 때에는 앉아 있는 것이 좋습니다. 여러분이 당면한 문제를 수용하고 해결할 수 있는 길은 그것밖에 없습니다. 여러분이 가장 뛰어난 말이든 가장 형편없는 말이든, 또는 자세가 좋든지 나쁘든지 그런 것은 문제가 되지 않습니다. 누구라도 좌선을 할 수 있으며, 좌선을 하는 것은 자신의 문제를 받아들이고 그것을 해결하기 위해서 무엇인가 하는 것입니다.

시급하게 당면한 문제가 있음에도 불구하고 앉아 있을 수 있다면, 그때 여러분이 해결해야 한다고 생각하는 문제와 여러분 자신 중에서 무엇이 더 실재성을 갖겠습니까? 여러분이 바로 지금 여기에 현존하고 있다는 자각만이 궁극적인 현실입니다. 이것이 여러분이 좌선 수행을 통해서 깨닫게 될 가장 중요한 점입니다. 유쾌한 상황과 불쾌한 상황은 끊임없이 이어집니다. 그러나 어떤 상황에서도 수행을 멈추지 않는다면 선의 정수를 깨닫고, 선의 진정한 힘을 얻게 될 것입니다.

둘이
아니다

"마음을 쉬라는 것은 마음의 활동을 멈추라는 말이 아니라, 마음이 온몸에
스며들어야 한다는 뜻입니다. 마음이 호흡을 놓치면 안 됩니다."

우리는 우리의 수행이 무엇을 얻고자 함이 없는 수행이어
야 하며, 어떤 기대도 없어야 한다고 말합니다. 심지어 깨달
음에 대한 기대마저도 가져서는 안 된다고 말입니다. 그러나
이것은 아무 목적도 없이 그저 앉아 있기만 하라는 뜻이 아닙
니다.

무엇을 얻고자 기대하는 바가 없는 수행은 《반야심경》의
가르침에 기초를 두고 있습니다. 그런데 주의를 기울이지 않
으면 《반야심경》 자체가 무엇을 성취할 생각을 일으키도록
만들 수 있습니다. 《반야심경》에서는 "색즉시공 色即是空 공즉시
색 空即是色"이라고 말합니다. 오감으로 감지되는 세계가 바로
텅 비어 있음이고, 텅 비어 있음이 오감으로 감지되는 세계와

다르지 않다는 뜻이지요. 그러나 여러분이 이 말에 집착한다면 이원적인 분별심에 말려들 가능성이 큽니다. 여기에 색色인 여러분이 있고, 또 색인 여러분이 깨닫고자 애쓰는 공空이 따로 있다는 식으로 말입니다. 그러므로 '색즉시공 공즉시색'은 여전히 이원적입니다. 그러나 다행스럽게도 우리의 가르침은 여기서 '색즉시색色即是色 공즉시공空即是空', 곧 '색은 색이고 공은 공이다'로 한발 더 나아갑니다. 여기에는 이원성이 없습니다.

앉아 있으면서도 마음이 가라앉지 않아서 마음을 멈추려고 애쓸 때, 이 상태는 색즉시공 공즉시색 단계입니다. 그러나 이런 이원성 속에서도 수행을 계속해나가다 보면 점차 자신의 목표와 하나가 되는 상태에 이르게 될 것입니다. 그리하여 수행이 애씀 없이 진행되면 마음을 멈출 수 있습니다. 이 상태가 색즉시색 공즉시공 단계입니다.

마음을 쉬라는 것은 마음의 활동을 멈추라는 뜻이 아닙니다. 그것은 마음이 몸 전체 구석구석까지 스며들어 몸의 모든 활동을 하나도 놓치지 않고, 동시에 몸의 활동은 하려는 바 없는 움직임이 되게 하라는 뜻입니다. 마음을 쉬라는 것은 마음의 활동을 멈추라는 말이 아니라, 마음이 온몸에 스며들어야(마음이 온몸을 자각하는 상태가 되어야) 한다는 뜻입니다. 마음이 호흡을 놓치면 안 됩니다. 여러분은 마음을 다해서 손으로 인印을 지어야 합니다.

다리가 저리고 아파도 개의치 말고 온 마음을 다해 앉아 있어야 합니다. 무엇을 얻겠다는 생각이 없이 그렇게 앉아 있어야 합니다. 처음에는 자세에서 불편함을 느낄 것입니다. 그러나 그 불편함에 마음을 두지 마십시오. 그렇게 되면 그것이 곧 '색은 색이고 공은 공이다' 상태입니다. 이렇게 어떤 제약 아래에서 자신의 길을 발견하는 것이 수행의 길입니다.

　여러분이 무엇을 하든지, 심지어는 드러눕는 것까지도 아무 상관 없이 모두 수행이란 뜻이 아닙니다. 어떤 제약을 느끼더라도 여러분이 느끼는 제약에 구애되지 않는 것, 이것이 우리가 수행이라고 부르는 것입니다. "내가 무엇을 하든 그건 다 불성이 하는 것이니 무엇을 한들 무슨 상관이 있겠는가. 구태여 좌선을 할 필요는 또 무엇인가"라고 한다면 그것은 이미 일상적인 삶을 이원적으로 이해하고 있다는 뜻입니다.

　만약 무엇을 하든지 정말로 문제가 되지 않는다면 그렇게 말할 필요조차 없겠지요. 이렇게 말하는 것은 자기가 하는 일이 무엇인가 마음에 걸리기 때문일 텐데, 이건 이미 이원적인 상태입니다. 자기가 하는 일에 대해서 마음에 전혀 거리낌이 없다면 이렇게 말하지 않을 것입니다. 그러므로 앉아 있을 때는 그냥 앉아 있으면 됩니다. 먹을 때는 그저 먹으면 됩니다. 그뿐입니다.

　"그건 아무 문제가 안 돼"라고 말하는 것은 어떤 것을 자기 방식대로 하려고 작은 마음으로 변명하는 것에 지나지 않습니다. 자기가 생각하는 어떤 특별한 일이나 방식에 집착하고 있다는 뜻이지요. 이렇게 하는 것은 우리가 "그저 앉아 있는 것으로 충분하다"거나 "무엇을 하든지 좌선이다"라고 말하는 것의 진정한 의미가 아닙니다. 물론 우리가 무엇을 하든지 그것은 좌선입니다. 그러나 사실이 그렇다면 그렇게 말할 필요도 없는 것이겠지요.

앉아 있을 때, 다리가 아프거나 졸음이 오거나 개의치 말고 그저 앉아 있어야 합니다. 이것이 좌선입니다. 처음에는 어떤 것을 있는 그대로 받아들이기가 대단히 힘듭니다. 수행하는 동안에 찾아오는 여러 느낌 때문에 짜증이 나기도 할 것입니다. 기분 좋은 일이든 하기 싫은 일이든, 어떤 일이든지 귀찮아하지 않고 또는 짜증 내지 않고 할 수 있다면 그것이 곧 우리가 '색은 색이고 공은 공이다'라고 말하는 것입니다.

암 같은 질병으로 고통을 당하며, 앞으로 2~3년밖에는 더 살지 못한다는 것을 알고, 무언가 의지할 것을 찾으려고 수행을 시작하는 사람이 있을 수도 있습니다. 이럴 때 신의 도움에 의지하는 사람도 있을 수 있고, 좌선을 시작하는 사람도 있을 수 있겠지요. 아마 그의 수행은 텅 빈 마음을 얻는 것에 집중될 겁니다. 이것은 그가 이원성의 고통에서 벗어나려고 애쓰고 있다는 뜻이며, 색즉시공 공즉시색 단계의 수행입니다. 그는 공을 궁극적인 진리라고 여기고, 자신의 삶에서 그 공이 실제로 실현되기를 원하기 때문입니다. 물론 이런 방식으로 믿고 노력한다면 도움이 되겠지요. 하지만 이것은 완전한 수행은 아닙니다.

인생이 짧다는 것을 알고, 매일매일 순간순간을 누리는 것이 '색은 색이고 공은 공'으로 사는 것입니다. 이 상태에서는 부처가 와도 환영하고 마귀가 와도 환영하게 될 것입니다. 중국의 유명한 선사인 마조馬祖 스님은 몸이 아플 때 어떤 사람이 찾아와서 좀 어떠시냐고 묻자 "일면불 월면불日面佛 月面佛"이라고 대답했다고 합니다(해도 부처 달도 부처. 이래도 부처 저래도 부처, 곧 건강해도 부처 아파도 부처라는 뜻—옮긴이). 이것이 '색은 색이고 공은 공'인 삶입니다. 여기에는 아무런 문제도 없습니다. 1년을 살아도 좋고, 1백 년을 살아도 좋습니다. 수행을 계속한다면 여러분도 이런 경지에 이를 것입니다.

처음에는 여러 가지 문제에 부닥치게 될 것입니다. 그래서 수행을 계속하기 위해서는 어떤 노력을 하는 것이 필요합니다. 초심자에게는 아무런 노력도 하지 않는 수행은 진정한 수행이 아닙니다. 초심자는 용맹스럽게 노력해야 합니다. 특히 젊은이들에게는 무엇인가를 성취하겠다는 각오로 피나는 노력을 하는 것이 꼭 필요합니다. 팔과 다리를 뻗을 수 있는 데까지 뻗어야 합니다. 색은 색입니다. 마침내 자신에 대한 모든 것을 잊는 것이 필요하다는 것을 아는 지점에 이를 때까지는, 자신의 길을 진실하게 가야만 합니다. 그 지점에 이르기 전에는, 무엇을 하든지 선이라는 생각 또는 수행을 하든지 하

지 않든지 아무 문제가 되지 않는다고 여기는 것은 완전히 잘
못된 생각입니다.

그러나 여러분이 무엇을 얻으려는 생각이 없이, 몸과 마음
을 다하여 오직 수행을 계속하는 데에만 힘을 쏟는다면, 여러
분이 무엇을 하든지 그것은 진정한 수행이 될 것입니다. 무엇
을 할 때 그저 그것을 하는 것, 이것이 여러분의 목표가 되어
야 합니다. 색은 색이고 여러분은 여러분입니다. 이런 자세로
계속 수행해 나갈 때, 여러분의 수행 속에서 진정한 공을 체
득하게 될 것입니다.

절하기

"절을 하는 것은 참으로 진지한 수행입니다. 삶의 마지막 순간까지, 언제라도 절할 준비가 되어 있어야 합니다. 우리의 진정한 본성이 그것을 원하기 때문입니다."

우리는 좌선을 마친 뒤 아홉 번 절을 합니다. 절을 함으로써 우리 자신을 포기하는 것입니다. 자신을 포기한다는 것은 우리가 가지고 있는 모든 이원적인 관념을 포기한다는 뜻입니다. 그러므로 좌선을 하는 것과 절을 하는 것 사이에는 아무런 차이가 없습니다. 일반적으로 절은 존경할 만한 어떤 대상을 향해 우리의 존경을 바치는 행위입니다.

그러나 부처님께 절을 할 때는 부처라는 대상 관념을 가지면 안 됩니다. 절을 하는 행위를 통해서 부처와 하나가 될 뿐이며, 사실은 이미 여러분은 부처 그 자체입니다. 여러분과 부처가 하나가 될 때, 존재하는 모든 것과 하나가 되며 존재의 진정한 의미를 알게 됩니다. 여러분이 가지고 있는 모든 이원적인 관념을 잊을 때, 모든 것이 여러분의 스승이 될 수 있고 경배의 대상이 될 수 있습니다.

모든 것이 여러분의 큰 마음 안에 존재할 때, 이원성에 바탕을 둔 모든 관계가 끝납니다. 하늘과 땅, 남자와 여자, 스승과 제자 사이의 구별이 사라집니다. 그래서 남자가 여자에게 절을 할 수도 있고, 여자가 남자에게 절을 할 수도 있습니다. 제자가 스승에게 절을 할 수도 있고 스승이 제자에게 절을 할 수도 있습니다. 제자에게 절을 할 수 없는 스승은 부처님께도 절을 할 수 없습니다. 때에 따라서는 스승과 제자가 함께 부처님께 절을 할 수도 있습니다. 우리는 개나 고양이에게도 절을 할 수 있습니다.

큰 마음 안에서는 모든 것이 동일한 가치를 지니고 있습니다. 모든 것이 부처 그 자체이지요. 여러분은 무엇인가를 보고 어떤 소리를 듣습니다. 그저 있는 그대로 보고 들을 뿐입니다. 모든 것 하나하나를 부처님을 존경하듯이 똑같이 존경하면서, 그것들을 있는 그대로 받아들이는 수행을 해야 합니다. 이것도 부처이고 저것도 부처입니다. 그러므로 부처가 부처에게 절을 하는 것이고, 여러분이 여러분 자신에게 절을 하는 것입니다. 이것이 진정한 절입니다.

큰 마음에 대한 이런 굳건한 신념이 없으면 여러분의 절 수행은 이원적이 될 것입니다. 여러분이 여러분의 진짜 모습인 불성으로 존재할 때, 여러분은 진정한 의미에서 여러분 자신에게 절을 하는 것이며 모든 것과 하나입니다. 여러분은 오직 여러분의 진짜 모습으로 존재할 때만 모든 것을 향해서 진정한 의미의 절을 할 수 있습니다. 절을 하는 것은 참으로 진지한 수행입니다. 삶의 마지막 순간까지, 언제라도 절할 준비가 되어 있어야 합니다. 절 말고는 더 이상 할 수 있는 것이 없는 그런 지경이 되어야 합니다. 이런 신념, 이런 정신으로 절을 하십시오. 그러면 모든 교훈과 모든 가르침이 여러분의 것이 되며, 여러분의 큰 마음 안에 모든 것을 지니게 될 것입니다.

일본 다도의 창시자인 센노 리큐는 1591년에 자기가 모시던 군주 히데요시의 명에 따라 할복을 했습니다. 그는 스스로 목숨을 끊기 직전에 "내가 이 칼을 잡고 있는 지금, 부처도 없고 역대 조사祖師도 없다"고 했습니다. 큰 마음이라는 칼을 잡으면 이원적인 세계가 존재하지 않는다는 뜻입니다. 그때 존재하는 유일한 것은 이런 정신뿐입니다. 이런 종류의 흔들리지 않는 태연한 정신은 리큐의 차 마시는 의식에 반영되어 있었습니다. 그는 어떤 것도 결코 이원적인 방식으로 하지 않았으며, 매 순간 죽을 준비가 되어 있었습니다. 의식에 따라 차를 한 잔 마실 때마다 그는 죽었고, 그리고 새롭게 태어났습니다. 이것이 다도의 정신이며, 우리가 절하는 방식입니다.

제 스승께서는 절을 하도 많이 하셔서 이마에 굳은살이 박혔습니다. 그분은 당신이 완강하고 고집이 센 사람이라는 것을 알고 있었기 때문에 절을 하고 또 하고 계속하였습니다.

그분은 자기 속에서 당신의 스승께서 꾸짖는 소리를 항상 들었습니다. 그래서 그렇게 절을 하고 또 했던 것입니다.

그분은 서른 살에 조동종에 입문하셨는데, 이것은 일본 승려로서는 상당히 늦은 편입니다. 어릴 때는 고집이 있더라도 그렇게 강하지 않고, 자기중심적인 경향을 극복하기도 좀 쉽지요. 그래서 그분의 스승께서는 늘 '늦깎이'라고 부르며 늦게 출가한 것을 꾸짖으셨지요. 그런데 실제로는 제 스승의 고집 센 성품 때문에 더 사랑하셨어요. 제 스승께서 칠십이 되셨을 때 이렇게 말씀하셨습니다. "내가 젊었을 때는 호랑이 같았지. 그런데 지금은 고양이 같구나!" 그분은 당신이 고양이처럼 된 것을 매우 흡족하게 여기셨습니다.

절은 자기중심적인 관념을 없애는 데 도움이 됩니다. 자기중심적인 관념을 없애는 것은 쉬운 일이 아니지요. 그런데 절 수행이 아주 큰 도움이 됩니다. 결과는 중요하지 않습니다. 절 수행을 통해 자기 자신을 개선하려고 노력하는 것이 가치 있는 일이지요. 그러므로 절 수행에는 끝이 없습니다.

한 번 그리고 또 한 번 절을 할 때마다, 우리는 불자[佛者]의 네 가지 서원[四弘誓願]을 하나씩 마음에 되새깁니다.

헤아릴 수 없는 뭇 생명[衆生] 다 건지오리다.

끝없는 욕망[煩惱] 다 끊으오리다.

한없는 가르침[法門] 다 배우오리다.

위없는 부처의 길[佛道] 다 이루오리다.

부처의 길이 위없이 높아 도달할 수 없다면 그것을 어떻게 이루어야 할까요? 그러나 끝까지 이루어야 합니다. 이것이 부처의 길입니다.

'가능하니까 한다'고 생각하는 것은 부처의 길이 아닙니다. 불가능하더라도 우리의 진정한 본성이 그것을 하기를 원하기 때문에 해야만 하는 것, 이것이 부처의 길입니다. 가능한지 않은지는 중요하지 않습니다. 자기중심적인 관념을 극복하는 것이 우리의 가장 깊은 곳에서 진정한 본성이 바라는 욕구라면, 우리는 그것을 해야만 합니다. 이런 노력을 할 때 우리의 가장 깊은 욕구가 진정되며, 거기에 열반이 있습니다. 자기중심적인 관념을 극복하겠다고 결심하기 전에는 그것을 극복하기가 어렵습니다. 하지만 결심하고 일단 시작하면 아무런 어려움도 없습니다. 자기중심적인 관념을 극복하려는 노력이 여러분의 가장 깊은 욕구를 진정시킵니다.

고요함에 이르는 다른 길은 없습니다. 마음의 고요는 활동을 중지해야 얻을 수 있는 것이 아닙니다. 오히려 활동 자체에서 진정한 고요를 발견해야만 합니다. "활동하지 않을 때는 고요하기가 쉬우나, 활동하는 중에는 고요하기가 어렵다. 그러나 활동을 하면서도 고요할 수 있는 것이 진정한 고요다." 이것이 우리의 가르침입니다.

수행을 어느 정도 해보면, 놀랍고 빠른 진전이 불가능하다는 것을 깨닫게 될 것입니다. 아무리 열심히 노력해도 조금씩밖에 나아지지 않습니다. 수행은 소나기를 맞아 흠뻑 젖는 것과 같은 것이 아니라, 안개 속을 걸으며 안개에 젖는 것과 같습니다. 안개 속을 걸을 때 옷이 젖고 있다는 것을 잘 모릅니다. 그러나 계속 걷다 보면 조금씩 조금씩 젖게 되지요. 빨리 진전을 이루겠다는 마음이 있으면 "정말 지독히도 발전이 없네!"라고 한탄할지도 모릅니다. 그러나 실제로는 그렇지 않습니다. 안개에 젖으면 말리기가 매우 어렵습니다. 그러므로 진전이 더딘 것에 마음 쓸 필요가 없습니다. 수행의 진전은 외국어를 배우는 것과 비슷합니다. 하루아침에 외국어를 잘할 수는 없습니다. 반복에 반복을 거듭하여야만 통달할 수 있는 것이지요. 이것이 우리 조동종曹洞宗 의 수행 방식입니다.

우리는 조금씩 조금씩 향상을 이루어간다고 말할 수도 있고, 향상 같은 것은 기대조차 하지 않는다고 말할 수도 있습니다. 오로지 매 순간 마음을 다해 수행에 열중하는 것, 이것으로 충분합니다. 우리의 이런 수행 말고 달리 열반은 없습니다.

특별한
것은 없다

"이 단순한 수행을 계속하면 어떤 놀라운 힘을 얻게 될 것입니다. 그러나
얻기 전에는 놀라운 것으로 보이겠지만, 막상 얻고 보면 전혀 특별한 것
이 아님을 알게 될 것입니다."

　저는 좌선을 하고 난 뒤에는 별로 말을 하고 싶지 않습니
다. 좌선으로 충분하다고 느낍니다. 그러나 무엇인가 말해야
한다면 좌선을 하는 것이 얼마나 경이로운 일인지에 대해서
이야기하고 싶습니다. 우리의 목적은 이 수행을 영원히 계속
해나가는 것뿐이지요. 이 수행은 시작이 없는 시간에 시작되
어 끝없는 미래로 계속될 것입니다. 엄밀히 말해서 인간에게
이 수행 말고는 다른 수행이 없습니다. 이렇게 사는 길 말고
달리 사는 길이 없습니다. 선 수행은 우리의 진정한 본성을
있는 그대로 표현하는 행위입니다.

　물론 우리가 무엇을 하든지 그것은 우리의 진정한 본성을
표현하는 것이지요. 그러나 선을 수행하지 않고는 진정한 본

성을 깨닫기가 어렵습니다. 활동하려는 것은 인간의 본성이자 모든 존재의 본성입니다. 살아 있는 한, 우리는 항상 무엇인가를 하게 되어 있습니다. 하지만 여러분이 '내가 이것을 하고 있다'거나 '나는 이것을 해야 하는데'라고 생각한다면, 또는 '나는 뭔가 특별한 것을 이루어야 해'라고 생각하는 한, 여러분은 실제로는 아무것도 하지 않는 것입니다(무엇을 한다고 생각하는 그 '나'라는 것이 실제로는 없기 때문입니다—옮긴이). 포기하고, 더 이상 뭔가를 바라지 않고, 또는 어떤 특별한 것을 하려고 애쓰지 않을 때, 그때 비로소 여러분은 무엇인가를 하는 것입니다. 무엇을 얻으려는 생각이 없이 그저 이런저런 행위를 할 때, 그것이 무엇인가를 하는 것입니다.

좌선은 무엇인가를 하는 행위이지만 그 행위는 무엇을 위해서 하는 행위가 아닙니다. 좌선을 하면서 마치 무슨 특별한 것을 하는 것처럼 느낄 수도 있습니다. 하지만 좌선은 여러분의 진정한 본성을 그냥 있는 그대로 드러내는 행위일 뿐입니다. 이런 행위를 통해서 여러분의 가장 깊은 곳에 있는 욕구가 진정되지요. 그러나 여러분이 무엇인가를 위해서 좌선을 한다고 생각한다면, 그것은 진정한 수행이 아닙니다.

이 단순한 수행을 계속하면 어떤 놀라운 힘을 얻게 될 것입니다. 그러나 얻기 전에는 놀라운 것으로 보이겠지만, 막상 얻고 보면 전혀 특별한 것이 아님을 알게 될 것입니다. 그것은 바로 여러분 자신입니다. 결코 특별한 그 무엇이 아니지요. 중국에 이런 시가 있습니다.

나는 갔다 왔네
여산은 안개와 비로 유명하고
절강은 들고 나는 물로 유명할 뿐
그뿐이라네.

사람들은 안개에 싸인 유명한 산줄기를 보는 것과 온 세상을 덮고 있다는 유명한 강을 보는 것이 무슨 대단한 일인 줄 압니다. 하지만 가보면 그저 물과 산을 볼 뿐, 특별한 것은 아무것도 없습니다.

깨달음은 경험하지 못한 사람들에게는 일종의 신비이지요. 그들은 깨달음을 어떤 놀라운 것으로 생각합니다. 그러나 일단 경험하고 나면 아무것도 아니지요. 하지만 아무것도 아닌 것은 아닙니다. 제 말이 이해가 되나요? 아이를 낳아본 경험이 없는 사람에게는 아이를 갖는 것이 아주 특별한 일처럼 보이겠지요. 하지만 아이를 낳아본 경험이 있는 어머니에게는 아이를 갖는 것이 특별한 일이 아니지요. 이게 좌선입니다.

만약 여러분이 이 수행을 계속해 나간다면 차츰차츰 무엇인가를 얻을 것입니다. 그것은 전혀 특별한 것이 아니지만, 그럼에도 불구하고 그 무엇입니다. 여러분은 그것을 여러 가지 이름으로 부를 수 있습니다. 자성自性이라고 할 수도 있고,

불성佛性이라고 할 수도 있으며, 또는 깨달음이라고 할 수도 있을 것입니다. 하지만 그것을 얻은 사람에게는 특별한 그 무엇이 아닙니다. 그러면서도 그 무엇인 것이지요.

우리가 우리의 진정한 본성에 따라 행위할 때, 그때 우리는 인간입니다. 진정한 본성에 따르지 않고 그것을 표현하지 않는다면 우리는 우리가 무엇인지 모릅니다. 두 발로 걸으니 동물은 아닙니다. 동물과는 다른 그 무엇이겠지요. 그러나 무엇인가요? 우리를 무어라고 불러야 할지를 모르니, 허깨비라고 해야 할까요? 허깨비는 실제로 존재하는 것이 아닙니다. 망상이지요. 이렇게 진정한 본성을 드러내지 못할 때 우리는 더 이상 인간이 아닙니다. 하지만 우리는 존재하고 있습니다. 선禪이 선禪이 아닐 때는 아무것도 존재하지 않습니다. 머리로는 이 말이 이해되지 않을 것입니다. 전혀 말도 안 되는 소리처럼 들리겠지요. 하지만 진정한 수행을 해본 경험이 있는 사람이라면 이 말뜻을 알아들을 것입니다. 만약 무엇인가가 존재한다면 그것은 그 자체의 진정한 본성, 곧 불성을 지니고 있는 것입니다.

《열반경》을 보면 부처님께서 "모든 것이 불성을 지니고 있다"고 말씀하신 기록이 있습니다. 그런데 도겐 선사께서는 이 말씀을 "모든 것이 불성이다"라는 뜻으로 이해하셨습니다. 여기에는 차이가 있습니다. 만약 여러분이 "모든 것은 불성을 지니고 있다"고 말한다면 그것은 불성이 각 존재 속에 있다는 뜻이며, 그래서 불성과 그것을 지니고 있는 존재들이 별개의 것이 됩니다. 하지만 "모든 것이 불성이다"라고 말한다면, 그것은 모든 것이 불성 그 자체라는 뜻입니다. 그렇습니다. 불성이 없으면 아무것도 없습니다. 불성이 아닌 그 무엇이 있다는 것은 망상에 지나지 않습니다. 그런 것은 여러분의 마음속에는 존재할지 모르지만, 실제로는 존재하지 않습니다.

그러므로 인간이 되는 것은 부처가 되는 것입니다. 불성은 인간의 본래면목 또는 인간의 진정한 본성을 일컫는 다른 이름일 뿐입니다. 그러므로 여러분이 아무것도 하지 않고 있더라도 사실은 무언가를 하고 있는 것입니다. 여러분 자신, 곧 여러분의 진정한 본성을 표현하고 있는 것이지요. 여러분의 눈이, 여러분의 목소리가, 여러분의 행동이 여러분의 진정한 본성을 표현할 것입니다. 중요한 것은 그것을 가장 단순하고 가장 적절한 방식으로 표현하는 것이며, 가장 미미한 존재에서조차도 그 진정한 본성을 감지하는 일입니다.

이 수행을 한 주일, 두 주일, 그리고 1년, 2년 계속하는 동안 여러분의 체험은 점점 더 깊어질 것이고, 결국에는 매일 하는 일상적인 행위 전체가 이 체험이 될 것입니다. 마음에 떠오르는 모든 생각, 모든 이원적인 관념을 잊는 것이 가장 중요합니다. 달리 말하자면, 확고부동한 자세로 그저 좌선만 하시라는 겁니다. 무엇에 대해서도 생각하지 마십시오. 그 어떤 것도 기대하지 말고 그냥 방석 위에 앉아 있기만 하십시오. 그러면 언젠가는 여러분 자신의 진정한 본성을 되찾게 될 것입니다. 그것은, 말하자면 여러분 자신의 진정한 본성이 스스로 자기 자신을 되찾는 것입니다.

Chapter

2

바른 태도

"우리가 강조하는 것은 우리의 본래면목에 대한
흔들리지 않는 확신입니다."

·
·
·

"선은 어떤 흥분 상태가 아닙니다.
매일 일상적으로 반복하는 일에 마음을 집중하는 것이 선입니다."

·
·
·

일편
단심

"해가 서쪽에서 뜬다고 해도, 구도자에게는 오직 한길밖에 없습니다."

제가 이렇게 이야기를 하는 목적은 여러분에게 어떤 지적인 이해를 제공하려는 것이 아니라, 우리가 어떤 태도로 수행을 해나가야 하는지에 대한 제 생각을 이야기하여 우리의 선 수행에 대한 제 감상을 표현한 것일 뿐입니다. 여러분이 좌선을 하려고 앉아 있을 수 있다는 것은 정말 보통 일이 아닙니다.

물론 우리가 무엇을 하든지 그것은 모두 보통 일이 아니지요. 우리의 삶 자체가 대단히 진기한 것이기 때문입니다. 부처님은 "인간의 삶을 경험한다는 것은 손톱에 붙은 먼지처럼 희귀한 일"이라고 말씀하셨지요. 아시다시피 손톱에는 먼지가 잘 붙지 않습니다. 우리가 인간으로서 산다는 것이 그만큼 희귀하고 놀라운 일입니다.

저는 한 번 앉으면 영원히 앉아 있고 싶습니다. 그러나 다른 수행, 예를 들면 독경이나 절 수행으로 옮겨가려고 스스로를 독려합니다. 절 수행을 할 때는 '이거 굉장하구나'라고 생각합니다. 그러나 다시 독경으로 바꿉니다. 그리고 지금은 이렇게 저의 경험과 생각을 이야기하는 것, 이것이 제가 지금 말하고 있는 유일한 목적입니다. 그것이 전부입니다. 무언가를 얻기 위해서 앉는 것이 아닙니다. 우리 자신의 진정한 본성을 표현하기 위해 앉는 것이지요. 이것이 우리의 수행입니다.

여러분이 자신과 여러분의 진정한 본성을 표현하려면 그것을 표현하는 자연스럽고 적절한 방법이 있어야 할 것입니다. 좌선을 하기 위해서 앉기 전에, 그리고 좌선을 마치고 일어서면서 몸을 좌우로 흔드는 것도 여러분 자신의 표현입니다. 몸을 좌우로 흔드는 것은 수행을 위한 준비이거나 수행을 마친 후 몸을 푸는 것이 아닙니다. 그것 자체가 수행의 일부입니다. 그러므로 몸을 좌우로 흔드는 것을 무엇을 위한 준비인 것처럼 하면 안 됩니다.

일상생활에서도 마찬가지입니다. 도겐 선사께서는 음식을 만들고 상을 차리는 것은 준비가 아니라, 그것도 수행이라고 가르치셨습니다. 음식을 만드는 것은 여러분이나 다른 누군가를 위해서 단지 음식을 준비하는 것이 아닙니다. 그것은 여러분의 지극한 마음을 표현하는 것입니다. 그러므로 음식을 만들 때, 부엌에서 여러분의 행위를 통해서 여러분 자신을 표현해야 합니다. 마음의 여유를 갖고, 아무것도 기대하지 말고, 다른 생각 없이 오직 음식 만드는 행위만을 해야 합니다. 그저 음식만 만든다! 이처럼 음식 만드는 것 또한 우리의 지극한 마음의 표현이자 수행의 일부가 되어야 합니다.

좌선을 하려면 앉아야 하지만, 앉아 있는 것만이 유일한 방법은 아닙니다. 무엇을 하든지 좌선과 똑같이 깊이 있는 행위의 표현이어야만 합니다. 무슨 일을 하든지 그저 그 일을 할 뿐이어야 합니다. 어떤 일이 다른 무엇을 위한 준비인 것은 없습니다.

구도자의 길은 '일편단심의 길' 또는 '한 방향으로 달리는 수천 리 철길'이라고 합니다. 기차가 다니는 철길의 간격은 언제나 같습니다. 그것이 넓어지거나 좁아지면 큰 사고가 나겠지요. 여러분이 어디를 가든 철길의 간격은 늘 같습니다. 이것이 구도자의 길, 보살의 길입니다. 해가 서쪽에서 뜬다고 해도, 구도자에게는 오직 한길밖에 없습니다. 구도자의 길은 매 순간 자신의 진정한 본성과 지극한 마음을 표현하는 길입니다.

구도자의 길을 기차가 다니는 철길로 비유하지만, 실제로는 그런 것이 없습니다. 지극한 마음 자체가 철길입니다. 달리는 기차에서 바라보는 풍경은 바뀌겠지만, 우리는 항상 같은 궤도의 철길을 달립니다. 그리고 우리가 가는 이 길은 시작도 없고 끝도 없습니다. 출발점도 없고 목적지도 없으며 얼어야 할 것도 없습니다. 단지 길 위를 달리는 것, 이것이 우리의 수행 방법이며 우리가 하는 선 수행의 본질입니다.

철길에 대해서 호기심이 생기면 위험이 따릅니다. 철길을 보면 안 됩니다. 만약 기차를 타고 달리면서 철길을 내려다본다면 현기증이 날 것입니다. 철길을 보지 말고 창밖으로 보이는 경치만 음미하십시오. 이것이 우리의 수행 방법입니다. 승객은 철길에 대해서 호기심을 가질 필요가 없습니다. 누군가가 잘 관리할 것입니다. 아마 부처님께서 그리하시겠지요. 그러나 어떤 것이 늘 똑같으면 왜 그런지 호기심이 생기는 것처럼, 우리는 종종 우리가 가는 길에 대해서 호기심을 품고 어떻게든 설명해보려고 합니다. 우리는 '구도자는 어떻게 늘 똑같은 길을 갈 수 있는 것일까? 그럴 수 있는 비밀이 무엇일까?' 하고 궁금해하는 경우가 있습니다. 하지만 여기에 비밀은 없습니다. 가도 가도 동일한 철길처럼 모든 사람이 동일한 본성을 지니고 있습니다.

조케이와 호후쿠라는 사이좋은 두 수행자가 있었습니다. 하루는 그 둘이 구도자의 길에 대해서 이야기하다가 조케이가 이렇게 말했습니다. "구도자가 비록 나쁜 욕망을 품더라도 여래께서는 좋다 나쁘다 말씀하시지 않을 걸세. 여래께서 하실 말씀이 없는 것은 아니겠지만, 내 말은 여래께서는 이원적으로 분별하는 말씀은 하지 않으실 거라는 뜻일세."

이 말을 들은 호후쿠가 대답했습니다.

"자네 설명은 정확치가 않네."

그러자 조케이가 물었습니다.

"그럼 자넨 여래께서 무어라 말씀하셨을 것 같나?"

호후쿠가 말했습니다.

"자, 토론은 충분히 했으니 이제 차나 한잔하세!"

호후쿠는 친구의 질문에 대답하지 않았습니다. 구도자의 길은 말로 설명이 불가능하다는 것을 알기 때문이지요. 그럼에도 이 두 도반은 자신들 수행의 일부로 구도자의 길에 대해서 이야기를 나누었습니다. 물론 어떤 새로운 해석을 찾으리라는 기대는 애당초 없었겠지요. 그래서 호후쿠가 "토론은 충분히 했으니 이제 차나 한잔하세!"라고 대답했던 것이지요.

아주 멋진 대답 아닙니까? 제 이야기도 마찬가지입니다. 제 이야기가 끝나면 여러분이 듣는 것도 끝납니다. 제가 말한 것을 기억해야 할 필요도 없고, 이해해야 할 필요도 없습니다. 여러분은 이미 다 알고 있습니다. 여러분은 자신 속에 완전한 이해를 지니고 있습니다. 여러분 안에는 새롭게 이해해야 하거나 해결해야 할 그 어떤 문제도 없습니다.

반복

"반복하는 정신을 잃으면 수행이 몹시 힘들어질 것입니다."

부처님이 접한 당시 인도의 사상과 수행은 인간을 정신적인 요소와 육체적인 요소가 결합된 존재로 보는 견해에 토대를 두고 있었습니다. 당시 인도 사람들은 육체적인 면이 정신적인 면을 구속한다고 생각했습니다. 그래서 종교적인 수행도 정신을 해방시키고 강화시키기 위해서 육체적인 요소를 약화시키는 데에 초점이 맞추어져 있었지요. 부처님 당시의 인도에서는 이렇게 고행이 강조되었습니다.

부처님은 몸소 고행을 경험한 다음, 육체적으로 정화하려는 시도는 끝이 없는 길임을 아셨습니다. 또 고행은 종교적인 수행을 매우 이상화시킨 방식이라는 것도 아셨습니다. 죽을 때가 되어야 육체와의 싸움은 비로소 끝이 납니다. 그러나 부처님 당시의 인도 사상에 따르면, 우리는 결코 완전한 깨달음을 얻지 못한 채 이생에서 다음 생으로 생을 거듭하면서 투쟁을 거듭할 수밖에 없습니다. 그리고 정신을 충분히 해방시킬 수 있을 정도로 육체의 힘을 약화시킬 수 있다고 해도, 정신의 우위는 고행을 계속하는 동안에만 유지될 것입니다. 다시 일상으로 돌아와 살아가려면 육체의 힘을 강하게 해야 하고, 그렇게 되면 정신을 해방시키기 위해서 또다시 육체의 지배력을 약하게 해야 하겠지요.

이렇게 말하는 것이 부처님 당시의 인도 수행을 지나치게 단순화시켜 설명하는 것인지도 모릅니다. 그리고 그렇게 말도 안 되는 짓을 수행이라고 했단 말인가 하면서 코웃음을 치는 사람이 있을 수도 있습니다. 하지만 오늘날에도 정신을 해방시키기 위해서 육체를 고행으로 몰고 가는 사람들이 여전히 있습니다. 때로는 육체를 억압해야 정신이 자유로울 수 있다는 관념이 마음의 배후에 무의식적으로 깔려 있는 경우도 있습니다. 그러나 이런 식의 수행으로는 형편이 조금도 나아지지 않을 것입니다.

부처님의 수행 방법은 달랐습니다. 처음에는 당시 살고 계시던 지역에서 행해지던 힌두교 수행법대로 고행을 하셨지요. 그러나 부처님은 인간을 구성하고 있는 요소들이나 존재에 대한 형이상학적인 이론들에는 관심이 없으셨습니다. 그보다는 지금 이 순간 자신이 어떻게 존재하는가에 더 관심이 있으셨지요. 그분께는 그것이 가장 중요한 문제였습니다.

빵은 밀가루로 만듭니다. 그런데 밀가루가 오븐 속에서 어떻게 빵이 되는 것인지 그 과정이 부처님께는 가장 중요한 관심사였습니다. 곧 우리가 '어떻게' 깨달은 존재가 될 수 있는 가가 주요 관심사였던 것입니다. 깨달은 사람은 자신에게나 다른 사람들에게나 어느 정도 완전하고 바람직한 사람이 됩니다. 부처님께서는 인간이 어떻게 이런 이상적인 인격을 계발할 수 있는지, 과거의 성인들은 어떤 과정을 거쳐서 성인이 될 수 있었던 것인지 그 과정을 알고 싶었던 것이지요. 밀가루 반죽이 어떻게 완전한 빵이 되는지 그 과정을 알아내기 위해서, 그분은 완전히 성공할 때까지 빵을 만들고 또 만들었습니다. 이런 반복이 그분의 수행이었습니다.

하지만 매일같이 똑같은 음식을 만드는 것은 그렇게 재미있는 일이 아닙니다. 재미는커녕 지루하고 싫증 나는 일이겠지요. 반복하는 정신을 잃으면 매우 어려운 일이 될 것입니다. 하지만 힘이 넘치고 생기가 충만하면 어렵지 않습니다. 아무튼 우리는 아무것도 하지 않고 가만히 있을 수는 없습니다. 무엇인가를 하게 되어 있습니다. 그런데 무엇인가를 제대로 하려면 매우 주의 깊고 조심스러우며 빈틈이 없어야 합니다. 우리의 수행 방법은 이를테면 밀가루 반죽을 오븐에 넣고 조심스럽게 주시하는 것입니다. 이런 과정을 반복하는 중에 밀가루 반죽이 어떻게 빵이 되는지를 알게 되면 여러분은 깨달음이 무엇인지 이해하게 될 것입니다.

이렇게 물질적인 육체가 어떻게 성인이 되는지가 우리의 주된 관심사입니다. 우리는 밀가루가 무엇인지, 반죽이 무엇인지, 또는 성인이 무엇인지에 대해서는 별로 관심이 없습니다. 성인은 성인입니다. 그뿐입니다. 인간의 본성에 대한 형이상학적인 설명은 우리의 관심사가 아닙니다.

우리가 강조하는 이런 식의 수행은 지나치게 이상주의적이 되진 않습니다. 만약 어떤 예술가가 지나치게 이상주의적이라면, 그는 이상과 자신의 실제 능력 사이에 있는 너무나 큰 간격 때문에 자살할지도 모릅니다. 그는 현실적으로 그 간격을 가로지를 수 있을 만큼 긴 다리를 가지지 못했기 때문에 절망하겠지요. 보통 정신을 우위에 두려는 길이 대개 이렇습니다. 그러나 우리가 추구하는 정신의 길은 그처럼 이상주의적이지 않습니다.

어떤 의미에서는 우리도 이상주의적이어야 합니다. 적어도 맛도 좋고 보기에도 좋은 빵을 만들어야 하지 않겠습니까. 하지만 실제 수행은 어떻게 빵이 되는지를 알게 될 때까지 반복에 반복을 거듭하는 것입니다. 우리의 수행 방법에는 비밀이 없습니다. 단지 좌선을 하면서, 자신을 오븐 속에 집어넣고 주시하는 것이 우리의 방법이니까요.

선과
흥분

"선은 어떤 흥분 상태가 아닙니다. 매일 일상적으로 반복하는 일에 마음을 집중하는 것이 선입니다."

제 스승께서는 제가 서른한 살 때 돌아가셨습니다. 저는 에이헤이지 선원에서 선 수행에만 전념하고 싶었지만 스승의 일을 이어받아 선원 살림을 하지 않으면 안 되었습니다. 그래서 몹시 바빠졌고, 젊었던 탓에 여러 가지 어려움도 많았습니다. 어려움은 약간의 경험을 쌓게 해주었지만, 그 경험은 진실하고 고요하며 평온한 삶과 비교하면 아무것도 아니었습니다.

우리에게는 한결같은 길을 가는 것이 꼭 필요합니다. 선은 어떤 흥분 상태가 아닙니다. 매일 일상적으로 반복하는 일에 마음을 집중하는 것이 선입니다. 너무 바쁘거나 흥분되어 있으면 마음이 소란스럽고 지칩니다. 이런 것은 좋지 않지요.

가능하면 고요하고 즐거운 마음 상태를 유지해야 하고, 자극이나 흥분에서 여러분 자신을 지켜야 합니다.

사람들은 대개 날이 가고 해가 갈수록 점점 더 바빠집니다. 현대에는 특히 더 그렇습니다. 옛날에 친숙했던 곳을 세월이 오래 지난 다음에 다시 찾아가 보면 그 변한 모습에 놀라게 되지요. 세월이 가면 변하는 것은 어쩔 수 없는 일입니다. 그러나 우리가 자극적인 변화나 흥분에 관심을 기울이거나, 또는 우리 자신의 어떤 극적인 변화를 추구한다면 분주한 삶에 휘말려 길을 잃게 될 것입니다. 그러나 마음이 고요하고 한결같으면 비록 소란한 세상 한가운데에 있을지라도 자신을 지킬 수 있을 것입니다. 소란과 변화의 한가운데에서도 여러분의 마음은 고요하고 흔들리지 않을 것입니다.

선은 흥분의 대상이 아닙니다. 단지 호기심에서 선 수행을 시작하는 사람들이 있는데, 그들은 이전보다 더 바빠지기만 합니다. 만약 수행이 여러분을 더 바빠지게 만든다면 그것은 정말 우스꽝스러운 일입니다. 여러분이 만약 일주일에 한 번 좌선을 하려고 한다면, 아마 제 생각에 여러분은 훨씬 더 바빠질 것입니다. 선에 지나치게 관심을 갖지 마십시오. 선에 자극을 받고 흥분한 나머지 학교도 때려치우고 산이나 숲으로 가서 앉아 있으려고 하는 젊은이들이 종종 있습니다. 이런 관심은 진정한 관심이 아닙니다.

그저 고요하고 일상적인 수행을 계속하십시오. 그러면 여러분의 품성이 닦여나갈 것입니다. 마음이 항상 분주하면 품성이 닦일 틈이 없습니다. 특히 수행을 통해서 품성을 닦겠다고 거기에 지나치게 매달리면 성공하기가 오히려 더욱 어려울 것입니다. 품성을 닦는 것은 빵을 만드는 것과 같습니다. 조금씩, 차근차근 반죽을 해야 하고, 너무 높지도 않고 너무 낮지도 않은 온도에서 구워야 합니다. 여러분은 스스로를 아주 잘 압니다. 그래서 자신에게 어느 정도의 온도가 필요한지 누구보다도 여러분 자신이 잘 압니다. 여러분은 여러분에게 무엇이 얼마만큼 필요한지 정확하게 압니다. 그러나 지나치게 흥분하면 어느 정도의 열이 자기에게 좋은지를 잊고, 자신의 길을 잃게 될 것입니다. 이렇게 되면 매우 위험합니다.

부처님께서도 유능한 소몰이꾼 비유를 통해서 똑같은 말씀을 하셨습니다. 유능한 소몰이꾼은 자기 소가 등에 얼마나 짐을 질 수 있는지를 알고, 그 이상은 싣지 않습니다. 여러분은 여러분이 가야 할 길과 자신의 마음 상태를 스스로 잘 압니다. 너무 많이 나르려고 하지 마십시오! 부처님께서는 또 품성을 닦는 일은 둑을 쌓는 것과 같다고 말씀하셨습니다. 둑을 쌓으려면 아주 조심스러워야 합니다. 단숨에 둑을 쌓으려고 한다면 필경 물이 샐 것입니다. 둑을 조심스럽게 쌓아나가십시오. 그러면 여러분은 많은 물을 담아놓을 수 있는 튼튼한 제방을 완성할 수 있을 것입니다.

우리가 수행하는 방법이 자극적이지 않기 때문에 매우 소극적으로 보일 수도 있습니다. 그러나 그렇지 않습니다. 우리의 수행법은 아주 효과적이고 지혜로운 방식입니다. 이것은 분명한 사실입니다. 어떤 사람들, 특히 젊은 사람들에게는 이 점이 아주 이해하기 힘든 것 같습니다. 또 한편으로는 제가 점진적으로 깨달음을 이루어나가는 길[漸修]에 대해서 이야기하는 것처럼 보일 수도 있습니다. 그러나 이 또한 그렇지 않습니다. 제가 말씀드리는 것은 사실 즉각적인 깨달음의 길[頓悟]입니다. 여러분의 수행이 고요하고 일상적인 것일 때, 일상적인 삶 그 자체가 깨달음이기 때문입니다.

올바른
노력

"수행이 잘되면 기분이 우쭐해질 수도 있습니다. 물론 수행이 잘되는 것은 좋은 일이지만, 거기에 뭔가가 덧붙어 있습니다. 우쭐해지는 마음은 군더더기입니다. 바른 노력은 군더더기를 떼어내는 작업입니다."

우리의 수행에서는 올바른 노력 또는 완전한 노력이 가장 중요합니다. 올바른 방향을 향해서 올바르게 노력해 나가는 것이 꼭 필요합니다. 여러분의 노력이 잘못된 방향을 향하고 있다고 더군다나 잘못된 방향으로 가고 있다는 것을 모른다면 그것은 미망에 사로잡힌 노력입니다. 수행에서, 우리는 무언가를 성취하려는 데서 성취하려는 마음이 없는 쪽을 향해 가려고 노력해야 합니다.

여러분은 무엇을 할 때 보통 무언가를 성취하기 원하며, 어떤 결과를 기대하며 거기에 집착합니다. 성취하려는 마음에서 성취하려는 마음이 없는 쪽으로 방향을 바꾸는 것은 필요 없는 노력과 좋지 않은 결과를 제거하는 것을 의미합니다. 만약 여러분이 성취하려는 마음 없이 무엇을 한다면 그것 자체로 아주 훌륭합니다. 특별하게 노력하지 않고 그저 하는 것으로 족합니다. 무엇인가 성취하기 위해서 특별한 노력을 기울일 때는 필요 없는 군더더기 요소들이 개입됩니다. 여러분의 노력에서 이런 군더더기 요소들을 제거해야 합니다.

수행이 잘되면 자신도 모르는 사이에 우쭐해지기 쉽습니다. 그 우쭐해지는 마음이 군더더기입니다. 수행이 잘되는 것 자체는 좋은 일입니다. 그런데 거기에 필요 없는 군더더기가 덧붙는 것이 문제이지요. 그러므로 여러분은 덧붙어 있는 그 군더더기를 제거해야 합니다. 이 점은 정말로 대단히 중요합니다. 그러나 우리는 보통 이런 사실을 알아차릴 만큼 예민하지 못하고, 그래서 곧잘 잘못된 방향으로 나아가게 됩니다.

우리 모두는 똑같은 것을 하고 있기 때문에, 즉 똑같은 실수를 하고 있기 때문에 그것을 알아차리지 못합니다. 그래서 잘못된 방향으로 가고 있다는 것을 깨닫지 못한 채 많은 잘못을 저지르며, 많은 문제를 만들어냅니다. 이런 종류의 그릇된 노력을 '법에 매임[法執]' 또는 '수행에 매임[修行執]'이라고 합니다. 수행은 어떠해야 된다는 관념이나 그것을 성취하려는 마음에 사로잡혀서 빠져나오지 못하는 상태를 말합니다.

여러분이 이원적인 분별심에 사로잡혀 있을 때에도 수행은 순수하지 못합니다. 순수하다는 말은 더러운 것을 깨끗하게 하려고 무언가를 닦아내는 것을 말하는 것이 아닙니다. 제가 말씀드리는 순수성은 단지 있는 그대로의 모습을 뜻합니다. 있는 그대로의 모습에 무언가가 덧붙여지면 그것은 순수하지 못한 것이 됩니다. 무엇이 이원적이 될 때 그것은 불순해집니다. 좌선을 함으로써 무언가를 얻을 것이라고 생각한다면, 여러분의 수행은 이미 순수성을 잃은 것입니다.

때에 따라서는 수행이 있다거나 깨달음이 있다고 말할 수도 있습니다. 하지만 그런 말에 매여서는 안 됩니다. 그런 말에 오염되면 안 됩니다. 좌선을 할 때는 오직 좌선만 하십시오. 깨달음이 오면 오는 것입니다. 그것을 얻으려고 집착하면 안 됩니다. 여러분이 알아차리지 못하고 있다고 할지라도, 좌선의 참다운 특성이 늘 거기에 있습니다. 그러므로 좌선을 함으로써 무엇을 얻으리라 기대했던 모든 것을 잊고, 그저 좌선만 하십시오. 그러면 좌선의 특성이 스스로 드러날 것이며, 그것이 여러분의 것이 됩니다.

사람들은 무엇을 얻으려는 생각 없이 좌선을 한다는 것이 무슨 뜻인지, 그리고 그런 수행을 하려면 어떤 노력을 해야 하는지를 묻습니다. '수행에서 군더더기를 제거하는 노력' 이것이 답입니다. 어떤 군더더기 생각이 떠오르면 그 생각을 멈추려고 노력해야 합니다. 그래서 순수한 수행 속에 머물러 있어야 합니다. 이것이 우리가 노력해 나가야 할 방향입니다.

"한 손으로 치는 손뼉소리를 듣는다"는 말이 있습니다. 손뼉소리는 두 손이 마주쳐야 납니다. 그래서 우리는 한 손으로는 손뼉소리를 낼 수 없다고 생각합니다. 그러나 실제로는 한 손은 소리입니다. 여러분이 비록 그 소리를 들을 수 없어도 한 손에 소리가 있습니다. 두 손으로 손뼉을 친다면 여러분은 그 소리를 들을 수 있습니다. 그러나 손뼉을 치기 전에 소리가 이미 존재하고 있지 않았다면, 여러분은 소리를 만들어낼 수 없었을 것입니다. 소리는 여러분이 소리를 내기 전에 이미 존재하고 있습니다. 소리가 이미 존재하고 있기 때문에, 소리를 낼 수 있고 그 소리를 들을 수 있는 것입니다.

무엇이나 다 소리입니다. 소리를 내보기만 하면 무엇이나 소리가 납니다. 그것을 들으려고 애쓰지 마십시오. 만약 여러분이 들으려고 하지 않는다면 온 세상이 다 소리입니다. 여러분이 들으려고 하기 때문에, 때로는 소리가 있고 때로는 없는 것입니다. 이해하시겠습니까? 아무것도 하지 않는다고 할지라도 여러분은 좌선의 성질을 늘 지니고 있습니다. 그러나 그 것을 발견하려고 애쓴다면, 또는 그 성질이 어떤지를 알려고 애쓴다면, 여러분은 그 성질을 지니고 있지 못한 것입니다.

여러분은 이 세상에서 한 개인으로 살고 있지만, 한 인간 존재로 형태를 취하기 전에 이미 존재하고 있었습니다. 여러분은 늘 존재하고 있습니다. 우리는 늘 여기에 있는 것이지요. 이해하시겠습니까? 여러분은 태어나기 전에는 여기에 존재하지 않았다고 생각하시겠지요. 하지만 태어나기 전에 여러분이 이미 존재하고 있지 않았다면 여러분이 어떻게 세상에 출현할 수 있었겠습니까? 여러분은 이미 존재하고 있기 때문에 이 세상에 출현할 수 있는 것입니다.

또한 존재하지 않는 것이 사라진다는 것도 가능한 일이 아닙니다. 무엇인가가 있기 때문에 사라질 수 있는 것이지요. 여러분은 죽으면 사라져서 더 이상 존재하지 않는다고 생각할지도 모르겠습니다. 하지만 여러분이 사라진다고 해도, 무엇인가 존재하고 있는 것이 비존재가 될 수는 없습니다. 이것은 마법입니다. 우리는 이 세상에 그 어떤 마법 주문도 걸 수 없습니다. 세상이 마법 그 자체입니다.

우리가 무엇인가를 바라보면 그것은 시야에서 사라질 수 있습니다. 그러나 우리가 보려고 하지 않는 것은 사라질 수 없습니다. 여러분이 지켜보기 때문에 사라질 수 있는 것이지요. 아무도 보지 않는데 어떻게 사라질 수 있겠습니까? 만약 어떤 사람이 여러분을 지켜보고 있다면, 여러분은 그의 시야에서 벗어날 수 있습니다. 하지만 아무도 보고 있지 않다면, 여러분은 자신으로부터 벗어날 수 없습니다.

그러므로 특별히 무엇을 보려고 애쓰지 마십시오. 무언가 특별한 것을 성취하려고 애쓰지 마십시오. 여러분의 순수한 자질 속에 이미 모든 것이 간직되어 있습니다. 여러분이 이 궁극적인 사실을 이해한다면 모든 두려움이 사라질 것입니다. 물론 어느 정도의 어려움은 있을지 몰라도 두려움은 없을 것입니다.

어려운 문제를 안고 있음에도 불구하고 그것이 어려움인지를 깨닫지 못한다면, 그것이 진짜 어려움입니다. 매우 자신 있게 올바른 방향을 향해서 열심히 노력하고 있다고 생각하는 사람일지라도, 자기 속에 이미 모든 것이 간직되어 있음을 알지 못하는 사람의 노력은 두려움에서 비롯된 것입니다. 그들에게서는 무엇인가가 사라질 수도 있습니다.

　그러나 여러분의 노력이 올바른 방향을 향하고 있다면 어떤 것도 잃을 염려가 없습니다. 때에 따라서는 여러분의 노력이 잘못된 방향을 향하더라도, 여러분이 그 사실을 알아차린다면 미혹에 빠지지 않을 것입니다. 아무것도 잃을 것이 없고, 바른 수행의 순수한 자질만이 있을 뿐입니다.

혼적
없이

"무엇을 할 때는 활활 타는 모닥불처럼 자신을 완전히 불살라서, 자신의
흔적을 남기지 말아야 합니다."

좌선을 할 때 우리의 마음은 고요하고 아주 단순합니다. 그러나 보통 때는 마음이 아주 분주하고 복잡해서 하고 있는 일에 집중하기가 어렵지요. 이것은 우리가 무엇을 시작하기 전에 생각을 하는데, 이 생각이 흔적을 남기기 때문입니다.

활동을 시작하기 전에 생각한 어떤 선입관이 우리의 행동에 그림자를 드리웁니다. 생각은 하고 있는 활동에 흔적을 남기고 그림자를 드리울 뿐만 아니라, 이 활동을 하면서도 다른 것이나 다른 일에 대한 생각을 하게 만듭니다. 이런 생각의 흔적과 다른 생각 때문에 마음이 매우 복잡해집니다. 만약 우리가 무엇을 단순하고 맑은 마음으로 한다면 생각의 그림자가 드리우지 않을 것입니다. 그러면 우리의 활동은 힘이 있고 똑바를 것입니다. 그러나 다른 것, 다른 사람, 다른 집단과 관련된 생각을 갖고 복잡한 마음으로 무엇을 한다면 우리의 행동이 매우 복잡해질 것입니다.

사람들은 한 가지 행동을 하면서도 대개는 두세 가지 다른 생각을 합니다. '돌 하나로 두 마리 새를 잡는다'는 말이 있는데, 사람들은 대개 이런 식입니다. 그들은 한 번에 너무 많은 새를 잡으려 하기 때문에 하고 있는 한 가지 행동에 집중하기가 어렵고, 그래서 결국은 한 마리도 못 잡고 마는 경우가 많지요. 다른 생각은 항상 행동에 그림자를 드리웁니다. 그런데 그림자는 생각 자체가 아닙니다. 물론 행동하기 전에 생각하고 준비하는 일이 필요한 경우가 많습니다. 하지만 바른 생각은 그림자를 남기지 않습니다. 흔적을 남기는 생각은 상대적인 분별심으로 혼란스러워진 마음에서 나옵니다. 상대적인 분별심이란 다른 것과 비교함으로써 스스로를 제한하는 마음입니다. 무엇을 얻고자 하는 생각을 만들어내고, 하고 있는 일에 흔적을 남기는 것이 바로 이 작은 마음입니다.

만일 여러분이 하고 있는 일에 생각의 흔적이 남아 있다면, 여러분은 그 흔적에 집착할 것입니다. 예를 들면 여러분은 "이건 내가 한 일이지"라고 말할 것입니다. 그러나 실제로는 그렇지 않습니다. "내가 이러저러한 일을 어떠어떠한 식으로 했지"라고 지난 일을 회상할지 모르지만, 여러분의 회상은 실제로 일어났던 일 그 자체와는 차이가 있습니다. 이런 식으로 생각하는 것은 자신이 한 것을 실제적으로 경험하지 못하게 합니다. 내가 무엇인가를 했다는 생각에 붙잡혀 있다면, 그것은 자기중심적인 생각에 몰두하고 있는 것입니다.

우리는 흔히 우리가 과거에 한 일을 좋게 평가하는 경우가 많습니다. 그러나 실제로는 그렇지 않을 수 있습니다. 나이 들어 늙으면 자신이 과거에 한 일들을 자랑스러워하는 경우가 많습니다. 그러나 어떤 사람이 자신의 과거를 자랑스럽게 늘어놓을 때 다른 사람들은 코웃음 칠 것입니다. 왜냐하면 그들은 그의 회상이 자의적이라는 것을 알기 때문이지요. 그들은 그가 말하는 것이 그가 했던 그대로가 아니라는 것을 압니다. 나아가서 그가 자기가 한 일에 대해서 자부심을 느낀다면, 그 자부심은 그에게 어떤 문제를 낳을 것입니다. 이런 식으로 회상을 반복한다면 성격이 점점 더 비뚤어져서 결국에는 대단히 불쾌하고 상종하기 어려운 사람이 되고 말 것입니다. 이것은 자신의 행동에 흔적을 남기는 하나의 예입니다.

우리는 우리가 한 일을 잊어서는 안 됩니다. 하지만 여분의 흔적을 남기지 않고 있는 그대로 기억해야 합니다. 무엇을 기억하는 것과 흔적을 남기는 것은 다릅니다. 우리는 우리가 한 일을 기억할 필요가 있습니다. 하지만 우리가 한 일에 집착하면 안 됩니다. 우리가 '집착'이라고 부르는 것이 바로 이런 우리의 생각과 행동에 대한 흔적들입니다.

무엇을 할 때 아무런 흔적도 남기지 않으려면 온몸과 온 마음으로 그 일을 해야 합니다. 여러분이 하는 일에 집중해야 한다는 뜻입니다. 활활 타는 모닥불처럼 완전히 그 일을 해야 합니다. 연기 나는 불처럼 해서는 안 됩니다. 여러분 자신을 완전히 태워버려야 합니다. 자신을 완전히 태워버리지 않는다면, 여러분이 하고 있는 일에 흔적이 남을 것입니다. 완전히 연소되지 않는 그 무엇이 남게 될 것입니다. 선이란 완전히 태워서 재만 남는 그런 활동입니다. 이것이 우리 수행의 목표입니다. 도겐 선사께서 "재는 다시 장작으로 돌아가지 않는다"고 말씀하셨는데 바로 이런 뜻입니다. 재는 재입니다. 재는 완벽하게 재여야 합니다. 이런 종류의 활동이 일어날 때, 하나의 움직임이 우주를 감당하게 됩니다.

그러므로 우리의 수행은 한 시간이나 두 시간, 또는 하루나 1년의 일이 아닙니다. 단 한순간이라도 온몸과 온 마음으로 좌선을 한다면 그것이 좌선입니다. 그러므로 순간순간 자신을 자신의 수행에 바쳐야 합니다. 무엇인가를 한 다음에 남는 것이 있으면 안 됩니다. 그러나 이 말은 자기가 한 일을 모두 잊으라는 뜻이 아닙니다. 여러분이 이 점을 이해한다면 모든 이원적인 생각과 삶의 모든 문제가 사라질 것입니다.

선 수행을 할 때 여러분은 선과 하나가 됩니다. 그 상태에서는 여러분도 없고 좌선도 없습니다. 절을 할 때 거기에는 부처도 없고 여러분도 없습니다. 하나의 완전한 절만 일어나고 있는 것입니다. 그게 전부입니다. 이것이 열반입니다.

부처님께서 우리의 수행을 마하가섭에게 전하실 때, 미소와 함께 단지 꽃 한 송이를 들어 보이셨습니다. 그때 다른 제자들은 모두 어안이 벙벙해 있었고, 마하가섭만이 오직 부처님의 뜻을 알아차렸습니다. 이것이 역사적으로 실제 있었던 일인지 아닌지는 모릅니다. 하지만 이 이야기는 분명히 무언가를 말해주고 있습니다. 이것은 우리가 전통적으로 수행해 온 방법에 대한 하나의 시범입니다.

한 움직임이 우주를 감당하는 활동, 그것이 진정한 활동입니다. 이런 활동의 비밀이 부처님으로부터 우리에게 전달되었습니다. 그것은 부처님의 어떤 가르침이나 그분이 세운 어떤 규율이 아닙니다. 부처님으로부터 우리에게 전달된 진정한 활동의 비밀, 그것은 선입니다. 가르침이나 규율은 그 가르침이 베풀어지는 장소와 그 규율을 지켜야 할 사람에 따라서 바뀌어야만 합니다. 하지만 이 수행의 비밀은 바뀔 수 없습니다. 이것은 언제나 참됩니다.

우리에게는 이 세상에서 사는 다른 방법이 없습니다. 저는 우리의 방법이 대단히 참되다고 생각합니다. 그리고 받아들이기 쉽고, 이해하기 쉽고, 행하기도 쉽다고 생각합니다. 만약 여러분이 이 수행에 토대를 둔 삶을 이 세상이나 인간 사회에서 일어나고 있는 일들과 비교해 본다면, 부처님께서 우리에게 남기신 진리가 얼마나 값진 것인지를 알게 될 것입니다. 이것은 아주 단순하며, 행하는 것도 대단히 단순합니다.

그렇다 하더라도 소홀하게 생각하면 안 됩니다. 이 진리의 위대한 가치를 발견해야 합니다.

사람들은 무엇이 아주 단순할 때, 보통 "응, 그거 내가 잘 알지! 너무 쉬워서 모르는 사람이 없을걸"이라고 말합니다. 그러나 그것의 가치를 발견하지 못한다면 그런 말은 아무 의미도 없습니다. 그것은 모르는 것과 같습니다. 문화라는 것이 무엇인지를 깊이 이해한다면, 이 가르침이 얼마나 참되고 얼마나 필요한지를 알게 될 것입니다. 여러분의 문화를 비판만 하고 있을 것이 아니라, 몸과 마음을 바쳐 이 단순한 길을 닦아나가야 할 것입니다. 그러면 사회와 문화가 여러분으로부터 성장해나올 것입니다. 자신들의 문화에 지나치게 집착하고 있는 사람들에게는 자신들의 문화에 대해 비판적인 태도를 갖는 것이 좋을 수도 있습니다. 복잡한 자신들의 문화에 비판적이 된다는 것은 부처님이 남기신 단순한 진리로 돌아오고 있다는 뜻일 수도 있습니다.

그러나 우리의 접근법은 단순하며 기본적인 수행과 삶에 대한 단순하고 기본적인 이해에 집중하는 태도만 취합니다. 우리의 활동에는 어떤 흔적도 남아서는 안 됩니다. 어떤 환상적인 생각이나 아름다운 것에 집착하면 안 됩니다. 무언가 멋지고 훌륭한 것을 찾으면 안 됩니다. 진리는 항상 가까이에, 여러분의 손이 닿는 곳에 있습니다.

신이
주시듯이

"보시는 '집착하지 않음'입니다. 그 어떤 것에도 집착하지 않는 것이 보
시입니다."

상대적인 관점에서 보자면 자연계의 모든 존재, 인간세계
의 모든 존재, 그리고 우리가 창조한 모든 문화적 산물은 우
리에게 주어진 것 또는 주어지고 있는 것들이지요. 그러나 모
든 것이 본래 하나이기 때문에, 실제로는 우리가 우리에게 모
든 것을 주고 있습니다. 우리는 순간순간 무엇인가를 창조하
고 있으며, 이것이 사는 기쁨입니다.

그러나 계속 창조하면서 항상 무엇인가를 주고 있는 '나'
는 '작은 나'가 아니라 '큰 나'입니다. 여러분이 비록 이 '큰
나'가 모든 것과 하나임을 알지 못한다 해도, 여러분은 무언
가를 줄 때 기분이 좋아집니다. 무언가를 줄 때는 주는 그것
과 여러분이 하나라고 느끼기 때문이지요. 이것이 받을 때보

다 줄 때 기분이 더 좋은 이유입니다.

'보시바라밀布施波羅蜜'이라는 말이 있습니다. '보시'란 무언가를 '주는 것'을 말하고, '바라밀'은 '건너다' 또는 '건너편 언덕에 이르다'라는 뜻입니다. 우리의 삶은 강을 건너는 것으로 볼 수 있습니다. 그러면 삶의 목표는 건너편 언덕, 곧 열반에 이르는 것이겠지요. 진정한 삶의 지혜는 강을 건너는 매 걸음이 실제로 건너편 언덕에 발을 디디는 걸음이 되게 하는 것입니다. 한 발 한 발 나아가서 언젠가 건너편에 도달하는 것이 아니라, 내딛는 걸음마다 건너편 언덕을 밟는 것이 진정한 삶의 길입니다.

'보시바라밀'은 여섯 가지 진정한 삶의 길[六波羅蜜] 가운데 첫 번째 길입니다. 두 번째 '지계바라밀持戒波羅蜜'은 불자들이 지켜야 하는 계율입니다. 그다음에는 모든 어려움과 굴욕을 참는 '인욕바라밀忍辱波羅蜜', 쉬지 않고 열정적으로 노력하는 '정진바라밀精進波羅蜜', 그리고 선 수행을 일컫는 '선정바라밀禪定波羅蜜'과 지혜, 곧 '반야바라밀般若波羅蜜'이 있습니다. 이 여섯 '바라밀'은 실제로는 하나이지만, 삶을 여러 측면에서 바라볼 수 있기 때문에 여섯으로 나눈 것입니다.

도겐 선사께서는 "집착하지 않는 것이 보시"라고 말씀하셨습니다. 어떤 것에도 집착하지 않는 것이 보시라는 것이지요. 무엇을 주느냐는 아무 상관이 없습니다. 집착이 없이 준다면 단돈 한 푼을 주든지 나뭇잎 한 장을 주든지 모두 보시바라밀이며, 한 줄의 가르침이나 아니면 단 한 마디의 가르침을 주더라도 보시바라밀입니다. 집착하지 않는 마음으로 주는 것이라면 물질을 주든지 가르침을 주든지 다 보시입니다. 집착하지 않는 이런 올바른 정신으로 하는 것이라면, 우리의 모든 행위와 우리가 창조하는 모든 것이 보시바라밀입니다. 도겐 선사께서는 이렇게 말씀하셨습니다. "무엇을 만들어내는 것도, 사회활동에 참여하는 것도 보시바라밀이다. 사람들을 위해서 나룻배를 만들거나 다리를 놓는 것도 보시바라밀이다." 실제로 한 줄의 가르침을 베푸는 것이 어떤 사람을 위해서 나룻배를 만들어주는 것과 다를 게 무엇이겠습니까!

기독교에서는 세상에 있는 모든 것은 신이 우리를 위해서 창조하신 것, 또는 신께서 우리에게 주신 것이라고 가르칩니다. 이것은 보시의 완벽한 관념입니다. 그러나 신이 인간을 창조했지만, 창조된 인간인 여러분이 신과 분리된 존재라고 생각한다면, 여러분은 자신에게 신과 분리된 무엇, 곧 신이 주지 않은 무엇을 창조할 능력이 있다고 생각하기 쉽습니다.

예를 들면 우리는 비행기와 고속도로를 만듭니다. 그리고 거듭해서 '내가 만든다. 내가 만든다. 내가 만든다'고 생각하게 되면, 이것저것을 창조하는 실제 '나', 곧 신을 잊게 됩니다. 이것이 인간의 문화가 내포하고 있는 위험성입니다. 사실은 '큰 나'와 더불어 창조하는 것이 보시입니다. 모든 것은 신이 창조한 것이기 때문에, 우리가 이것저것 만들지만 '작은 나'는 그것을 창조할 수도 없고 소유할 수도 없습니다. 이 점을 결코 잊으면 안 됩니다.

그러나 우리는 누가 왜 창조하는지를 망각하기 때문에 물질적인 가치와 교환가치에 집착하게 됩니다. 이런 가치는 어떤 것이 신의 창조물로서 갖는 절대적인 가치에 비하면 아무 것도 아닙니다. 비록 어떤 것이 세상의 모든 '작은 나'에게 물질적이거나 상대적으로 아무 가치가 없다고 할지라도, 그 자체로서 절대적인 가치를 지니고 있습니다. 우리가 그 자체로서의 절대적인 가치를 알아차린다면 그것에 집착하지 않을 것입니다. 여러분이 하는 모든 일은 이런 알아차림을 기초로 해야 합니다. 물질적인 가치 관념이나 자기중심적인 가치 관념을 기초로 하면 안 됩니다. 이렇게 한다면 여러분이 무엇을 하든지 그것은 진정한 보시가 됩니다.

결가부좌를 하고 앉아 있을 때, 우리는 창조라는 우리의 근본 활동을 다시 시작하게 됩니다. 창조에는 아마도 세 가지 종류가 있을 것입니다. 첫 번째는 좌선을 마친 후에 우리 자신을 다시 알아차리는 것입니다. 앉아 있을 때에 우리는 아무 것도 아니며, 우리가 무엇인지에 대한 인식조차 없이 그저 앉아 있을 뿐입니다. 그러나 좌선을 끝내고 일어설 때 우리가 거기에 있습니다! 이것이 창조의 첫 번째 단계입니다. 여러분이 거기에 있을 때 다른 모든 것도 함께 거기에 있게 됩니다. 모든 것이 순식간에 창조되는 것이지요. 우리가 무에서 출현할 때 모든 것이 무에서 함께 출현하며, 그때 우리는 그 모든 것을 새로운 창조물로 바라보게 됩니다. 이것이 무집착입니다.

두 번째 창조는 여러분이 음식이나 차를 만들거나 어떤 행동을 할 때 일어납니다. 세 번째 창조는 세상에 무언가를 창조하는 것, 이를테면 교육이나 문화나 예술 또는 우리 사회를 위한 어떤 시스템 같은 것을 창조하는 것입니다. 창조에는 이처럼 세 종류가 있습니다. 그러나 가장 중요한 첫 번째 창조를 망각한다면 나머지 둘은 부모 잃은 고아처럼 되어서 창조한 것들이 아무 의미도 없는 일이 됩니다.

사람들은 흔히 좌선의 정신을 잃어버리고, 신에 대한 생각도 하지 못합니다. 그들은 두 번째 단계와 세 번째 단계의 창조를 매우 열심히 하지만, 신은 그러한 활동을 도와주지 않습니다. 신이 자기 자신이 누구인지를 깨닫지 못하고 있는데 어떻게 자기의 일을 도울 수 있겠습니까? 이것이 세상에 이토록 문제가 많은 이유입니다. 창조의 본원을 망각하면, 우리는 부모를 잃고 어찌할 바를 모르는 어린아이처럼 되고 맙니다.

만약 '보시바라밀'을 이해한다면, 우리가 어떻게 우리 스스로 이토록 많은 문제를 만들어내는지를 이해하게 될 것입니다. 물론 산다는 것 자체가 문제를 만들어내는 것입니다. 만약 우리가 태어나지 않았다면 우리 부모들은 우리 때문에 애먹을 일이 없었을 것입니다. 우리가 태어난 것 그 자체가 부모님께 문제를 만들어준 것이지요. 하지만 좋습니다. 이 세상에 있는 모든 것이 어떤 문제를 만들어내고 있으니까요. 그런데 사람들은 보통 죽으면 모든 것이 끝나고 문제도 사라질 거라 생각합니다. 그러나 여러분의 죽음 또한 문제를 만들어낼 수 있습니다! 우리의 문제는 죽은 다음이 아니라, 이생에서 해결하거나 해소되어야 합니다. 우리가 행하는 것이나 만들어내는 것이 실제로는 '큰 나'가 보시하는 선물임을 안다면 그것들에 집착하지 않을 것이고, 그러면 우리는 우리 자신에게나 다른 사람들에게 문제가 되는 것을 만들어내지 않을 것입니다.

그리고 우리는 우리가 한 일을 매일매일 잊어야 합니다. 이것이 진정한 무집착입니다. 우리는 새로운 일을 해야 합니다. 물론 새로운 일을 하기 위해서는 과거를 알고 있어야 하지요. 그러나 과거를 알고 있는 것 자체에는 아무런 문제도 없습니다. 우리가 해놓은 일을 붙들고 늘어지지 않기만 하면 됩니다. 과거의 기억은 단지 비추어보는 데에만 써야 합니다. 우리는 또한 앞으로 어떻게 할 것인가에 대해서 어떤 생각이 있어야만 합니다. 하지만 미래는 미래고 과거는 과거일 뿐입니다. 우리는 지금 무언가 새로운 것을 해야 합니다. 이것이 우리의 태도이고, 우리가 이 세상에서 살아가는 방식입니다. 이것이 '보시바라밀', 곧 무언가를 주는 행위 또는 우리 스스로를 위해서 무언가를 창조하는 행위입니다.

그러므로 무엇을 하든지 과거나 미래에 대한 집착을 버리고 그 일에만 철저하게 몰입하는 것이, 창조라는 우리의 진정한 활동을 새롭게 다시 시작하는 것입니다. 이것이 우리가 앉는 이유입니다. 이 점만 잊지 않는다면 모든 일이 멋지게 이루어질 것입니다. 그러나 만약 이 점을 망각한다면 세상이 혼란으로 가득 차게 될 것입니다.

수행과
관련된
실수들

> "수행을 하다가 낙심하게 되는 것은 욕심을 부렸기 때문입니다. 그러므
> 로 여러분의 수행에 약점이 있음을 알려주는 어떤 징조나 경고가 나타날
> 때 그것을 오히려 고맙게 여겨야 합니다."

수행 중에 나타날 수 있는 몇 가지 바르지 못한 상태가 있습니다. 여러분은 이것을 꼭 알아둘 필요가 있습니다. 수행을 할 때 대개는 대단히 이상적이 됩니다. 그래서 성취하거나 이루고자 하는 목표를 높게 설정하지요. 그러나 제가 자주 말씀드렸듯이, 그것은 어리석은 짓입니다. 이상주의적이 되면 무엇을 얻으려는 생각을 갖게 됩니다. 그리고 이상이나 목표가 성취되면 무엇을 얻으려는 생각은 또 다른 이상을 만들어낼 것입니다. 그래서 무엇을 얻으려는 생각으로 수행을 하는 한, 그리고 이상적인 방식으로 좌선을 하려고 하는 한, 여러분은 어떤 이상이 성취된다고 해도 그 성취를 맛볼 시간이 없을 것입니다. 나아가 수행의 핵심을 놓치게 됩니다.

성취는 언제나 저 앞에 있기 때문에, 미래의 어떤 이상을 위해서 현재의 자신이 늘 희생되기 때문입니다. 이렇게 하면 결국 아무것도 성취하지 못한 채 끝나고 말겠지요. 이것은 어리석은 짓입니다. 결코 적절한 수행이 아닙니다. 이런 이상주의적인 태도보다 더 나쁜 것은, 다른 사람과 경쟁하는 식으로 좌선을 하는 것입니다. 이것이야말로 초라하고 졸렬하기 그지없는 태도입니다.

우리 조동종에서는 '지관타좌只管打坐', 곧 아무것도 하지 않고 '그저 앉아 있는 것'을 강조합니다. 실제로 우리는 우리의 수행법에 어떤 특별한 이름을 붙이지 않았습니다. 좌선을 할 때는 그저 앉아 있을 뿐이며, 수행에서 기쁨을 얻든지 못 얻든지 그저 앉아 있기만 합니다. 졸음이 오거나 매일 똑같은 일을 반복하는 것이 지겨워서 싫증이 나더라도, 우리는 우리의 수행을 계속합니다. 우리가 이렇게 수행하는 것을 누가 격려해 주든 말든 상관하지 않고, 우리는 그저 이 수행을 할 뿐입니다.

저는 여러분이 스승 없이 혼자 좌선을 할 때에라도, 자신이 적절하게 수행하고 있는지 그렇지 못한지를 알 수 있는 어떤 방법을 찾을 것이라고 봅니다. 앉아 있는 것이 지루하거나, 또는 수행하는 것이 싫증이 난다면 여러분은 그것을 경고로 받아들여야 합니다. 수행에 대해서 이상적인 생각을 가지면 낙심하게 됩니다. 수행에 대해서 이상적인 생각을 갖고 있다는 것은 수행에서 무엇을 얻으려는 생각이 있다는 뜻이며, 이것은 순수하지 못한 상태입니다. 수행을 하다가 낙심하게 되는 것은 욕심을 부렸기 때문입니다. 그러므로 여러분의 수행에 약점이 있음을 알려주는 어떤 징조나 경고가 나타날 때 그것을 오히려 고맙게 여겨야 합니다. 그럴 때는 자신의 실수를 모두 잊어버리고 태도를 새롭게 가다듬음으로써 원래의 수행을 회복할 수 있습니다. 이렇게 하는 것은 매우 중요합니다.

어찌 되었든지 수행을 계속해 나간다면 큰 문제는 없습니다. 그러나 수행을 계속하는 것이 매우 어렵기 때문에, 수행을 계속할 수 있도록 스스로를 격려할 어떤 방법을 찾아야만 합니다. 그러나 다른 사람과 경쟁하거나 또는 무엇을 얻겠다고 마음먹는 것처럼 졸렬한 방식을 사용하지 않고는 스스로를 격려하기가 힘들기 때문에, 순수한 수행을 혼자 힘으로 계속해 나가기는 상당히 어려울 것입니다. 이것이 우리에게 스승이 필요한 이유입니다. 스승이 있으면 수행이 잘못될 때 바로잡을 수 있습니다. 물론 스승을 모시려면 힘이 들겠지만, 그래도 잘못된 수행에 빠지는 위험에서는 벗어날 수 있습니다.

대부분의 선승禪僧들은 스승을 모시며 각고의 세월을 보냈습니다. 그들이 고생한 이야기를 들어보면 그들이 겪은 것과 같은 고생을 하지 않고는 좌선을 해낼 수 없다고 여겨질 수도 있습니다. 하지만 그렇지 않습니다. 수행을 계속하기만 한다면, 수행을 하면서 고초를 겪든지 겪지 않든지 상관없이 진정한 의미의 순수한 수행을 하는 것입니다. 본인이 그것을 깨닫고 있지 못하더라도 순수한 수행이 이루어지고 있습니다. 도겐 선사께서 "네가 너의 깨달음을 꼭 알아차릴 것이라고 생각하지 마라"고 말씀하신 것이 이런 이유 때문이었습니다. 여러분이 알아차리고 있든 모르고 있든, 여러분의 수행 속에는 진정한 깨달음이 내재되어 있습니다.

수행에서 저지르기 쉬운 또 다른 잘못은, 어떤 희열을 느끼기 위해서 수행하는 것입니다. 수행하면서 어떤 희열감에 빠진다면, 그것은 좋은 상태라고는 할 수 없습니다. 물론 건강치 못한 상태는 아닙니다. 하지만 진정한 수행과 비교해볼 때 그다지 바람직한 상태는 아닙니다.

소승불교에서는 수행자의 상태를 넷으로 분류합니다. 그중에서 최상의 경지는 어떤 기쁨도, 심지어 정신적인 기쁨조차도 느끼는 일 없이 그저 수행만 할 뿐인 상태입니다. 육체와 정신의 느낌을 모두 잊고, 수행하고 있는 자신의 존재마저 잊고 그저 수행을 할 뿐인 그런 상태입니다. 이것이 수행의 네 번째 단계로서 가장 높은 경지입니다. 그 전 단계는 수행 중에 단지 육체적인 기쁨만을 느끼는 상태입니다. 이 단계에 이른 수행자는 수행 중에 어떤 기분 좋은 느낌을 경험할 것이고, 이 맛에 수행을 할 것입니다. 그다음 아래 단계는 육체적으로도 정신적으로도 기분 좋은 느낌이 있는 상태입니다. 이 두 중간 단계는 수행을 하면서 기분 좋은 느낌이 있기 때문에 좌선을 하는 그런 단계입니다. 그리고 맨 처음 가장 낮은 단계는 수행에 대해서 어떤 진지한 생각이나 호기심도 없이 수행하는 상태입니다.

이상의 네 단계는 우리 대승의 수행에도 그대로 적용이 됩니다. 우리에게도 가장 높은 경지는 그저 수행만 할 뿐인 그런 단계입니다.

수행하는 데 어떤 어려움이 생긴다면 그것은 여러분이 무언가 잘못된 생각을 갖고 있음을 알려주는 경고입니다. 그러니 그것에 주의를 기울여야만 합니다. 그렇다고 수행을 포기하면 안 됩니다. 여러분의 약점을 인식하면서 수행을 계속해 나가십시오. 수행은 무엇을 얻으려고 하는 것도 아니고, 깨달음을 얻어야만 하는 것도 아닙니다. "이것이 깨달음이야"라거나 "이건 올바른 수행이 아니야"라고 말할 게 없습니다. 잘못된 수행일지라도 여러분이 그것을 인식하고 수행을 계속해 나간다면, 그것이 올바른 수행입니다. 우리의 수행이 완벽할 수는 없습니다. 그러나 낙심하지 말고 계속해 나가야 합니다. 이것이 수행의 비밀입니다.

만약 낙심해서 어떤 격려가 필요하다면, 수행이 힘들어지는 것 자체가 격려입니다. 수행이 힘들어질 때 스스로를 격려하십시오. 그러고 싶지 않다면, 그것이야말로 경고 신호입니다. 치아 상태가 좋지 않으면 이가 아픈 것과 마찬가지입니다. 이가 아프면 치과 의사에게 가서 치료를 받으면 됩니다. 이것이 우리의 방법입니다.

갈등의 원인은 고정관념이나 편견에 있습니다. 모든 사람이 순수한 수행의 가치를 알게 된다면 이 세상에 갈등이 거의 없을 것입니다. 이것이 우리 수행의 비밀이며 도겐 선사께서 취하셨던 방법입니다. 도겐 선사께서는 당신의 책《정법안장 正法眼藏》에서 이 점을 거듭 강조하고 있습니다.

갈등의 원인이 고정관념이나 편견에 있다는 것을 이해한다면, 여러분은 여러 가지 수행법 중에서 어느 하나에 고착되지 않고 그 모든 수행법의 의미를 발견하게 될 것입니다. 만약 이 점을 깨닫지 못한다면 어떤 특정한 방법에 사로잡혀서, "이것이 깨달음이야! 이것이 완벽한 수행이지. 이게 우리 방법이야. 다른 방법은 완벽하지가 않아. 우리 방법이 최고야" 라는 식으로 말하게 될 것입니다. 그러나 이것은 큰 잘못입니다. 참다운 수행에는 특정한 방법이 없습니다.

여러분은 스스로 자신의 방법을 찾아야 하고, 지금 어떤 종류의 수행을 하고 있는지를 알고 있어야 합니다. 어떤 특정한 수행법의 장점과 단점을 모두 알고 있다면, 위험한 상황에 빠지지 않고 그 방법대로 수행할 수 있습니다. 그러나 한쪽으로 치우친 태도를 갖는다면, 여러분은 그 수행법의 장점만 강조하고 단점은 무시하겠지요. 그리하여 결국은 그 수행법의 가장 안 좋은 면에 빠지게 되고, 돌이키기에는 너무 늦었다는 생각이 들면 낙담하게 될 것입니다. 이것은 어리석은 짓입니다. 우리는 옛 스승들께서 수행자가 빠지기 쉬운 이런 잘못을 지적해주시는 것을 고맙게 여겨야 할 것입니다.

마음의
활동을
제한하라

"어떤 사람이 특정 종교를 신봉하면 다른 사람들을 향해서 점점 더 날카로운 태도를 보이기 쉽습니다. 그러나 우리의 수행에서는 예리한 끝이 항상 우리 자신을 향하게 합니다."

우리의 수행에는 특정한 목적이나 목표가 없으며, 특별히 숭배하는 대상도 없습니다. 이런 면에서 우리의 수행은 통상적인 종교적 수행과는 약간 다르다고 할 수 있습니다.

중국의 위대한 선사이셨던 조주 스님께서는 "흙부처는 물을 건너지 못하고, 청동부처는 용광로를 건너지 못하며, 나무부처는 불을 건너지 못한다"고 말씀하셨습니다. 우리가 어떤 수행을 하든지, 우리의 수행이 흙부처나 청동부처나 나무부처 같은 어떤 특정한 대상을 향하고 있다면 그 수행이 늘 효과가 있지는 않을 것입니다. 어떤 특정한 목표를 갖고 수행을 한다면, 그 수행은 여러분에게 끝까지 도움이 되지는 못할 것입니다. 수행을 하면서 그 목표를 향하고 있는 동안에는 도움이 되겠지만, 일상생활로 돌아왔을 때에는 효력이 없을 것이기 때문입니다.

만약 수행에 목적이나 목표가 없다면 무엇을 해야 할지 모르게 되는 것이 아닐까 생각할 수도 있겠지요. 하지만 한 가지 방법이 있습니다. 마음의 활동을 제한하면, 또는 지금 이 순간 하고 있는 일에 집중하면 어떤 목표도 없는 수행을 할 수 있습니다. 어떤 특정한 대상을 향하는 마음을 갖는 대신 마음의 활동을 제한해야 합니다. 마음이 어딘가로 떠돌아다니고 있는 동안에 여러분은 자기 자신을 표현하지 못합니다. 그러나 여러분의 마음을 지금 이 순간에 하고 있는 일에 묶어 둔다면, 보편적인 불성인 여러분의 진정한 본성을 완전하게 표현할 수 있습니다. 이것이 우리의 방법입니다.

좌선을 할 때 우리는 마음의 활동을 최소한으로 제한합니다. 단지 올바른 자세로 앉아 있는 일에 집중하는 것이 우리가 우리의 보편적인 본성을 표현하는 방법입니다. 그때 우리는 부처가 되며 불성을 표현하게 됩니다. 그래서 우리는 어떤 대상을 숭배하는 대신 매 순간마다 우리가 하는 활동에 마음을 집중할 뿐입니다.

절을 할 때는 그저 절만 해야 합니다. 앉아 있을 때에는 그저 앉아 있기만 해야 합니다. 먹을 때에는 그저 먹기만 해야 합니다. 이렇게 한다면 여러분의 보편적인 본성이 거기에 현존합니다. 우리는 이것을 '일행삼매一行三昧'라고 부릅니다.

'일행'은 '한 가지 활동'이라는 뜻이고, '삼매'는 '집중'이라는 뜻입니다. 곧 한 가지 활동에 집중한다는 뜻이지요.

여기서 좌선을 하는 여러분 중에 다른 종교를 갖고 있는 분들이 있을 것입니다. 하지만 그건 아무 상관이 없습니다. 우리의 수행은 특정한 종교적인 믿음과 무관합니다. 종교가 다르다고 해도 우리의 방법을 실행해보는 것을 망설일 필요는 없습니다. 우리의 수행은 기독교나 힌두교나 그 어떤 종교와도 관련이 없기 때문입니다. 우리의 수행은 모든 사람을 위한 것입니다.

어떤 사람이 특정 종교를 신봉하면 다른 사람들을 향해서 점점 더 날카로운 태도를 보이기 쉽습니다. 그러나 우리의 수행에서는 예리한 끝이 밖이 아니라 항상 우리 자신을 향하게 합니다. 그러므로 불교와 여러분이 믿고 있을지도 모르는 종교와의 차이에 대해서는 조금도 걱정할 필요가 없습니다.

조주 스님이 여러 부처에 대해서 말씀하신 것은 어떤 특정한 부처를 대상으로 삼아 수행하는 사람들을 경계한 말씀입니다. 한 종류의 부처는 여러분이 수행하는 목적을 완전히 충족시켜 주지 못할 것입니다. 언젠가는 그것을 던져버려야 하거나, 아니면 적어도 무시해야 할 것입니다.

그러나 우리 수행의 비밀을 이해한다면, 여러분이 어디를 가든지 여러분 자신이 '주인공'입니다. 여러분은 어떤 상황에서도 부처를 간과할 수 없습니다. 여러분 자신이 부처이기

때문입니다. 오직 이 부처만이 여러분을 완전하게 도와줄 것
입니다.

자신을
탐구하라

"부처님의 가르침에 깊이 감동하는 것이 관건이 아닙니다. 저녁을 먹거
나 잠자리에 드는 것처럼 우리가 해야 할 일을 그저 할 뿐입니다. 이것이
부처님의 가르침입니다."

부처님의 가르침을 탐구하는 것은 그것을 탐구하는 것 자
체에 목적이 있는 것이 아니라, 그것을 통해서 자기 자신을
탐구하는 데 목적이 있습니다. 어떤 가르침 없이 자신을 탐구
한다는 것은 불가능합니다.

물이 무엇인지를 알려면 과학적인 분석이 필요하고, 과학
적인 분석을 하려면 실험실이 있어야 합니다. 실험실에서는
물이 무엇인지를 조사하는 여러 가지 방법들이 있습니다. 그
래서 물이 어떤 원소로 구성되어 있는지, 그리고 물이 취하는
형태와 물의 성질 등을 알아낼 수 있습니다. 그러나 이런 과
학적 분석으로는 물 그 자체가 무엇인지 아는 것이 불가능합
니다.

우리에 대해서도 마찬가지입니다. 우리가 무엇인지 알기 위해서는 어떤 가르침이 필요합니다. 그러나 단지 가르침을 배우는 것만으로는 '나'라는 것이 무엇인지를 알 수 없습니다. 가르침을 통해서 우리의 인간성을 이해할 수는 있겠지요. 그러나 그 가르침은 우리에 대한 어떤 설명에 불과할 뿐, 그 내용이 우리 자신은 아닙니다. 그러므로 여러분이 어떤 가르침이나 스승에 매달린다면 그것은 큰 잘못입니다. 어떤 스승을 만나는 순간 그를 떠나야 합니다. 스스로 서야 합니다.

여러분 스스로 홀로 설 수 있기 위해서 스승이 필요한 것입니다. 스승에게 고착되지 않는다면 그는 여러분이 여러분 자신으로 향하는 길을 보여줄 것입니다. 여러분이 스승을 모시는 것은 여러분 자신을 위한 것이지 스승을 위한 것이 아닙니다.

초기 중국 선종의 조사이신 임제 선사께서는 네 가지 방식으로 제자들을 가르치셨습니다. 때로는 제자들 자신에 대해서 말씀하셨습니다. 때로는 가르침 자체만 말씀하셨습니다. 또 때로는 제자나 가르침에 대한 해석을 들려주셨습니다. 그리고 마지막으로, 때로는 제자들에게 아무 말씀도 하지 않으셨습니다. 아무런 가르침을 받고 있지 않아도 제자는 제자라는 것을 아셨기 때문이지요.

엄밀히 말하자면 제자를 가르칠 필요는 없습니다. 비록 제자가 자기가 부처인 줄 모르고 있더라도, 그 자신이 부처이기 때문입니다. 그리고 만약 제자가 자신의 본래면목을 알아차리고 있더라도, 이 알아차림에 집착한다면 그것은 이미 잘못된 것입니다. 자기가 알아차리고 있다는 인식이 없을 때, 그에게는 모든 것이 갖추어져 있습니다. 그러나 자기가 알아차리고 있다는 인식이 있을 때는, 자기 자신이 자기가 누구인지를 알아차리고 있다고 생각하는 것입니다. 이것은 큰 잘못입니다.

스승으로부터 아무 말씀도 듣지 못하고 그저 앉아 있기만 할 때, 이것을 가르침 없는 가르침이라고 합니다. 그러나 때로는 이것만으로는 충분하지 않습니다. 그래서 우리는 스승의 말씀을 듣기도 하고 토론을 하기도 합니다. 그러나 우리가 특정한 장소를 정해놓고 그곳에서 수행하는 것은 자기 자신을 탐구하기 위함이라는 것을 잊어서는 안 됩니다. 우리가 자신을 탐구하는 목적은 스스로 홀로 서기 위함입니다. 과학자들처럼 우리도, 자신을 탐구하기 위해서는 탐구하는 어떤 수단이 있어야 합니다. 우리에게 스승이 필요한 이유는 스스로 자신을 탐구하는 것이 불가능하기 때문입니다.

그러나 잘못 생각하면 안 됩니다. 스승에게 듣고 배운 것을 그대로 여러분 것으로 받아들이면 안 됩니다. 스승과 함께하면서 자신을 탐구하는 것은 여러분의 일상생활의 일부입니다. 여러분의 계속되는 활동의 한 부분이지요. 이런 의미에서 수행은 일상생활의 연장입니다. 둘 사이에 차이가 없습니다. 그래서 선방에서 삶의 의미를 찾는 것이, 곧 일상생활의 활동에서 삶의 의미를 찾는 것입니다. 좌선은 여러분의 일상적인 삶의 의미를 발견하기 위해서 하는 것입니다.

제가 일본의 에이헤이지 선원에 있을 때, 거기 있는 사람들은 모두 그저 자기가 해야 할 일을 하고 있을 뿐이었습니다. 그것이 전부입니다. 그것은 아침에 잠에서 깨서 일어나는 것과 똑같습니다. 아침이 되면 일어나야 합니다. 에이헤이지 선원에서 우리는 좌선을 해야 할 때 좌선을 하고, 부처님께 절을 해야 할 때 절을 했습니다. 이것이 전부입니다. 수행을 하고 있을 때 어떤 특별한 느낌이 없었습니다. 우리가 선원 생활을 하고 있다는 것조차 느끼지 못했습니다. 우리에게는 선원 생활은 그저 일상생활이었고, 도시에서 온 사람들이 오히려 이상한 사람들로 보였습니다. 그들을 볼 때 우리는 "어, 색다른 사람들이 왔네!"라고 느꼈습니다.

그러나 선원을 떠나 한동안 다른 곳에 있다가 돌아온 적이 있는데, 그때는 달랐습니다. 선원에서 수행 중에 들리는 여러 가지 소리, 이를테면 종소리나 스님들이 독경하는 소리를 들으면서 깊은 감동이 밀려왔습니다. 눈물이 눈에서 코로 그리고 입으로 흘러내렸습니다. 선원의 분위기를 느끼는 것은 선원 밖에 있는 사람들이지요. 선원에서 수행을 하고 있는 사람들은 사실 아무것도 느끼지 못합니다.

저는 모든 것이 이렇다고 봅니다. 바람 부는 날 소나무 숲에서 나는 소리를 들을 때, 바람은 다만 불 뿐이며 소나무들은 그저 바람 속에 서 있을 뿐이지요. 나무와 바람이 하는 것은 그것이 전부입니다. 그러나 소나무 숲을 스치는 바람 소리를 듣고 사람들은 시를 쓰거나 평소와는 다른 감상에 젖기도 하겠지요. 아마 모든 것이 다 이럴 것입니다.

부처님의 가르침이나 불교에 대해서 무엇인가를 느끼는 것은 중요하지 않습니다. 그 느낌이 좋냐 나쁘냐는 문제가 안 됩니다. 그 느낌이 어떠하든지 우리는 괘념치 않습니다. 불교는 좋은 것도 아니고 나쁜 것도 아닙니다. 우리는 그저 우리가 해야 할 일을 할 뿐입니다. 이것이 부처님의 가르침입니다.

물론 어떤 격려가 필요하긴 합니다. 하지만 격려는 격려일 뿐입니다. 그것은 수행의 진정한 목적이 아닙니다. 격려는 약과 같습니다. 낙심했을 때는 약이 좀 필요하겠지요. 하지만 건강할 때는 약이 필요 없습니다. 약을 음식으로 착각해서는 안 됩니다. 때로는 약이 꼭 필요하지만, 그것을 음식으로 삼으면 안 되겠지요.

그러므로 임제 스님의 네 가지 가르치는 방법 중에서 가장 완벽한 것은 스승이 어떤 설명도 해주지 않고 격려도 하지 않는 것입니다. 만약 우리 자신을 몸이라고 생각한다면 가르침은 옷과 같다고 할 수 있습니다. 때에 따라서 우리는 우리가 입고 있는 옷에 대해서 이야기를 하며, 때로는 우리의 몸에 대해서 이야기를 합니다. 그러나 몸도 옷도 실제로는 우리 자신이 아닙니다. 우리 자신은 큰 활동입니다. 우리는 단지 큰 활동의 작은 부분을 표현하고 있는 것이지요. 이것이 전부입니다. 그러므로 우리 자신에 대해서 이야기하는 것이 문제될 것은 없지만, 실제로는 그럴 필요도 없습니다. 우리가 입을 열기도 전에 우리는 이미 우리 자신을 포함하고 있는 큰 존재를 표현하고 있기 때문입니다.

그럼에도 불구하고 우리 자신에 대해서 이야기하는 목적은, 우리가 큰 활동의 어떤 특정하고 일시적인 형태나 색깔을 우리라고 착각하는 오해를 바로잡기 위함입니다. 우리의 몸이 무엇이고 우리의 활동이 무엇인지에 대해서 이야기하는 것은 필요합니다. 그렇게 해야 우리의 몸과 활동에 대해서 오해하지 않을 것이기 때문입니다.

그러므로 우리가 우리 자신에 대해서 이야기하는 것은 실제로는 우리 자신을 잊기 위함이지요.

도겐 선사께서는 "부처님의 가르침을 탐구하는 것은 우리 자신을 탐구하는 것이다. 우리 자신을 탐구하는 것은 우리 자신을 잊는 것이다"라고 말씀하셨습니다. 여러분이 자신의 진정한 본성의 일시적인 표현을 자기라고 여긴다면 부처님의 가르침을 탐구해볼 필요가 있습니다. 그렇지 않으면 진정한 본성의 일시적인 표현을 진정한 본성이라고 여길 것입니다.

진정한 본성의 일시적이고 특정한 표현은 진정한 본성이 아니면서, 동시에 진정한 본성입니다! 일시적인 표현은 지극히 짧은 시간, 찰나에 진정한 본성입니다. 그러나 그 일시적인 표현이 늘 진정한 본성은 아닙니다. 바로 다음 순간 그것은 진정한 본성이 아니기 때문입니다. 이 사실을 깨닫기 위해서는 부처님의 가르침을 탐구할 필요가 있습니다.

하지만 부처님의 가르침을 탐구하는 목적은 우리 자신을 탐구하기 위함이고, 우리 자신을 잊기 위함이라는 점을 잊지 말아야 합니다. 우리가 우리 자신을 잊을 때, 우리는 실제로 큰 존재 또는 실재 자체의 활동입니다. 이 사실을 깨달으면 세상의 모든 문제가 사라집니다. 어떤 어려움도 느끼지 않고 삶을 즐길 수 있습니다. 이 사실을 알아차리는 것이 우리 수행의 목적입니다.

기와를 거울로?

"여러분이 여러분이 될 때 선이 선이 됩니다. 여러분이 여러분일 때 무엇을 있는 그대로 볼 수 있고, 주변 상황과 하나가 됩니다."

화두話頭 또는 공안公案은 우리가 순간순간 무엇을 하고 있는지를 알아차리지 못하면 이해하기가 매우 어렵습니다. 그러나 매 순간 무엇을 하고 있는지를 정확하게 알아차린다면 이해하기가 그리 어렵지 않습니다. 공안은 대단히 많습니다.

저는 가끔 개구리에 대한 이야기를 했고, 그때마다 여러분은 웃었지요. 그러나 개구리는 매우 흥미롭습니다. 여러분도 잘 알고 있듯이 개구리도 우리처럼 앉습니다. 그러나 개구리는 자기가 무언가 특별한 일을 하고 있다고는 생각하지 않습니다. 여러분은 선방에 들어가서 앉을 때 무언가 특별한 일을 하고 있다고 생각하겠지요. 남편이나 아내는 자고 있는데 여러분은 좌선을 하고 있습니다! 여러분은 무언가 특별한 일을 하고 있고 여러분의 남편이나 아내는 게으릅니다! 여러분이 좌선을 이런 식으로 이해하고 있는 것은 아닌지요. 그러나 개구리를 보십시오. 개구리도 우리처럼 앉습니다. 그러나 개구리는 스스로 좌선을 하고 있다고 생각하지 않지요. 잘 살펴보세요. 개구리는 무엇이 자기를 성가시게 하면 얼굴을 찡그립니다. 그리고 무언가 먹이가 가까이 오면 잽싸게 잡아먹습니다. 앉은 채로 그렇게 잡아먹지요. 사실 우리의 좌선이 이런 것입니다. 어떤 특별한 것이 아니지요.

개구리 공안이라고 할 만한 이야기가 있습니다. 마조 스님은 마대사馬大師라는 별명이 붙은 유명한 선사였습니다. 그분은 육조 혜능 선사의 제자인 남악南嶽 스님의 제자였지요. 남악 스님 문하에서 공부할 때, 하루는 마조 스님이 좌선을 하고 있었습니다. 마조 스님은 거구였을 뿐만 아니라, 혀는 말할 때 코끝에 닿을 정도로 길었고, 목소리가 우렁찼다고 합니다. 이런 몸집으로 앉아 있는 모습은 아주 당당했겠죠. 남악 스님께서 그가 앉아 있는 모습을 보니 태산 같기도 하고 개구리 같기도 했습니다.

남악 스님께서 물었습니다. "그대는 좌선을 하여 무엇을 얻으려 하는가?" 마조 스님이 대답했습니다. "깨달은 부처가 되려고 합니다." 그러자 남악 스님은 기와 조각을 집어 들고 그것을 갈기 시작했습니다. 의아하게 여긴 마조 스님이 물었지요. "스님, 무엇을 하시는지요?" "기와를 갈아서 거울을 만들려고 한다네." "기와를 간다고 어찌 거울이 되겠습니까?" 남악 스님께서 대답하셨습니다. "그렇다면 좌선만 해서 어찌 부처가 될 수 있겠는가?" "그러면 어떻게 해야 합니까?" 남악 스님이 답하셨습니다. "수레가 가지 않으면 수레를 채찍질해야 하는가, 소를 채찍질해야 하는가?"

여기서 남악 스님께서 말씀하시고자 했던 것은, 무엇을 하든 그것을 형식적으로 해서는 안 된다는 말입니다. 진정한 좌선은 잠자리에 누워 있거나 선방에서 앉아 있는 것 너머에 있습니다. 여러분의 남편이나 아내가 자고 있더라도 그것이 좌선입니다. 여러분이 "나는 여기 선방에 앉아 있는데, 저 사람은 아직도 자고 있다"고 생각한다면, 비록 여러분이 여기서 결가부좌를 틀고 앉아 있더라도 그것은 진정한 좌선이 아닙니다. 항상 개구리 같아야 합니다. 그것이 진정한 좌선입니다.

도겐 선사께서는 이 공안에 대해서 이렇게 말씀하셨습니다. "마대사가 마대사가 될 때 선이 선이 된다." 마조가 마조가 될 때 그의 좌선은 진정한 좌선이 되며, 선이 선이 됩니다. 어떤 것이 진정한 좌선일까요? 여러분이 여러분이 되는 것입니다. 여러분이 여러분일 때, 그때 여러분이 무엇을 하든지 그것이 좌선입니다. 여러분은 잠자리에 누워 있는 동안에도 여러분 자신이 아닌 경우가 너무 많을 것입니다. 여러분이 선방에 앉아 있어도 진정한 의미에서 여러분이 여러분인지 의심스럽습니다.

여기, 또 다른 유명한 공안이 있습니다. 늘 스스로 자신을 부르고 스스로 대답하던 선사가 있었습니다. 그는 "주인공아"라고 부르고, 곧 자기가 "예!" 하고 대답하곤 했습니다. "주인공아" "예!" 이 선사는 작은 토굴에서 혼자 살면서 이렇게 스스로 부르고 대답하기를 반복했습니다. 그는 평소에도 자기가 누구인지 알고 있었습니다. 그러나 가끔 자신을 잃어버리는 때가 있었는데, 그때마다 자신에게 말을 걸었던 것입니다. "주인공아" "예!"

우리가 개구리처럼만 한다면 항상 우리 자신일 수 있습니다. 그러나 개구리도 가끔은 자신을 잃어버립니다. 그럴 때 얼굴을 찌푸리는 것이 아닐까 싶습니다. 그런데 먹이가 다가오면 잽싸게 잡아먹습니다. 그래서 저는 개구리도 계속 자기 이름을 부르면서 자기를 잃어버리지 않는 것이 아닐까 생각합니다. 저는 여러분도 그렇게 해야 한다고 생각합니다. 좌선을 하는 중에도 자신을 잃어버리는 경우가 있을 것입니다. 졸음이 올 때, 마음이 이 생각 저 생각으로 헤매기 시작할 때 자신을 잃어버립니다. 다리가 아프다는 것을 느끼면서 '왜 이렇게 다리가 아플까?'라는 생각이 드는 순간 이미 자신을 잃어버린 것입니다.

스스로 자신을 잃어버리기 때문에, 여러분의 문제가 여러분에게 문제가 됩니다. 여러분이 여러분 자신을 잃어버리지 않는다면, 비록 어려움이 있더라도 문제는 결코 없게 됩니다. 여러분은 문제의 한가운데에 그저 앉아 있을 뿐이지요. 여러분이 문제의 한 부분이 되거나 문제가 여러분의 일부가 되어서 여러분과 문제가 하나가 되었을 때, 거기에는 아무런 문제도 없습니다. 문제는 문제와 여러분이 분리되어 있을 때 문제인 것이지요. 여러분이 문제 자체이고, 문제가 여러분 자신이라면 거기에는 아무런 문제도 없습니다.

여러분의 삶이 주변 상황과 하나일 때, 달리 말해서 여러분 자신이 일어나고 있는 일을 늘 각성하고 있을 때, 아무런 문제도 없습니다. 그러나 여러분의 마음이 실제로 주어진 현실이 아닌 다른 생각을 좇아 헤매기 시작한다면 주변 상황은 실재하지 않으며 여러분의 마음도 더 이상 실제가 아닙니다.

여러분의 마음이 다른 생각을 따라다닌다면 여러분의 주변 상황 또한 몽롱하고 혼미하게 변합니다. 일단 이런 망상에 빠지게 되면 끝없이 망상이 이어지지요. 이 망상에서 저 망상으로 마음이 계속 끌려다닐 것입니다. 대부분의 사람들은 망상 속에서 문제에 빠진 다음, 망상 속에서 그것을 풀려고 애쓰면서 삽니다. 그러나 산다는 것 자체가 실제로는 문제들 속에서 사는 것입니다. 그러므로 문제를 풀려면 문제의 한 부분이 되어, 문제와 하나가 되어야 합니다.

그러니 소가 끄는 수레가 움직이지 않을 때, 어디를 채찍질하시겠습니까? 수레입니까, 소입니까? 여러분의 삶에 문제가 있다고 느낄 때 여러분 자신과 문제 둘 중에 어느 것을 때리겠습니까? 어느 쪽을 때려야 할 것인지를 묻기 시작한다면 이미 여러분과 문제가 분리된 상태에서 마음이 헤매기 시작했다는 뜻입니다. 실제로 소를 움직여야 수레가 갈 것입니다. 하지만 사실 소와 수레는 하나입니다. 여러분이 여러분일 때, 수레를 때려야 하는지 소를 때려야 하는지의 문제는 존재하지 않습니다.

여러분이 하는 좌선은 여러분이 여러분일 때 진정한 좌선이 됩니다. 그래서 여러분이 좌선을 할 때 여러분의 문제도 좌선을 할 것이고, 다른 모든 것 역시 좌선을 할 것입니다. 여러분의 배우자가 아직 자고 있을지라도 그들 또한 좌선을 하고 있는 것입니다. 여러분이 진정한 좌선을 하고 있다면 말입니다! 그러나 여러분이 진정한 좌선을 하고 있지 못하다면 거기에는 여러분의 배우자가 있고 여러분이 있으며, 서로 완전히 다르고 완전히 분리되어 있습니다. 그러므로 여러분 자신이 진정한 수행을 한다면 나머지 모든 것들도 우리와 똑같이 동시에 수행을 하는 것입니다.

이런 이유 때문에 우리는, 의사가 진찰하듯이 항상 우리 자신에게 말을 걸면서 스스로 점검해보아야 합니다. 이것은 매우 중요합니다. 자기 점검은 순간순간 끊이지 않고 계속되어야 합니다. "밤이 깊으면 새벽이 온다"는 말이 있습니다. 이것은 밤과 새벽 사이에 간격이 없다는 뜻입니다. 여름이 가기 전에 가을이 옵니다. 우리는 삶을 이런 식으로 이해할 필요가 있습니다. 우리는 삶을 이런 식으로 이해하면서 수행을 하고 문제를 풀어야 합니다. 사실 여러분이 한결같은 마음으로만 한다면, 문제를 풀려고 열심히 노력하는 것만으로 충분합니다. 그저 기와만 갈면 되는 것이지요. 이것이 우리의 수행입니다.

수행의 목적은 기와를 거울로 만들자는 것이 아닙니다. 그저 계속 앉아 있는 것, 이것이 진정한 의미의 수행입니다. 우리의 수행은 부처가 되는 것이 가능한지, 기와를 거울로 만드는 것이 가능한지 여부의 문제가 아닙니다. 이렇게 알고, 그저 할 일을 하며 살아가는 것이 가장 중요합니다. 이것이 우리의 수행이고, 진정한 좌선입니다.

그래서 우리는 "먹을 때는 먹기만 하라!"고 말합니다. 먹을 때는 앞에 놓여 있는 음식을 먹어야 합니다. 그런데 여러분은 그것을 먹지 못할 때가 많습니다. 먹고 있으면서도 마음이 딴데 가 있기 때문입니다. 그래서 씹고 있는 음식조차도 그 맛을 음미하지 못하지요. 먹을 때 먹을 수 있는 한 여러분에게는 아무 문제도 없습니다. 그렇게 할 수 있다면 걱정할 것이 아무것도 없을 것입니다. 이렇게 할 수 있다는 것은 여러분이 여러분 자신이라는 뜻입니다.

여러분이 여러분 자신일 때, 여러분은 무엇을 있는 그대로 볼 수 있고 주변 상황과 하나가 됩니다. 거기에 진정한 여러분 자신이 있습니다. 이것이 여러분의 진정한 수행, 곧 개구리 수행입니다. 개구리는 참으로 우리 수행의 좋은 본보기입니다. 개구리가 개구리가 될 때 선은 선이 됩니다. 개구리를 철저하게 이해한다면 자신이 부처라는 깨달음을 얻을 수 있을 것입니다. 그러면 좋은 남편, 좋은 아내, 좋은 아들, 좋은 딸이 될 것입니다. 이것이 좌선입니다.

한결같음

"공의 상태를 아는 사람은 무엇을 하든지 늘 한결같이 있는 그대로를 받아들임으로써 자신들의 문제를 풀어갈 수 있습니다."

"자신의 정신을 갈고 닦아라." 이것이 오늘날 우리에게 적절한 메시지입니다. 이 말은 자기 밖에서 무엇을 찾으려고 하지 말라는 뜻입니다. 이것은 매우 중요한 이야기인데, 선을 수행하는 유일한 방법이기도 합니다.

경전 공부나 독경 또는 앉아 있는 것이 모두 선입니다. 이런 각각의 행위가 모두 선이 되어야 합니다. 그러나 방향이 올바르지 않은 노력이나 수행은 전혀 효과가 없습니다. 효과가 없는 것은 둘째 치고, 여러분의 순순한 성품을 망가뜨릴 수도 있습니다. 방향이 올바르지 않은 상태에서는, 선에 대해서 많이 알면 알수록 그만큼 더 망가질 것입니다. 마음이 쓰레기로 가득 차게 되어 심하게 더럽혀질 것입니다.

사람들은 보통 이곳저곳에서 정보를 끌어모읍니다. 그렇게 함으로써 지식을 늘릴 수 있을 것이라고 생각하기 때문이지요. 하지만 이런 식으로는 전혀 아무것도 모른 채 끝나고 맙니다. 불교에 대한 우리의 이해는 지식을 얻으려고 여러 가지 정보를 끌어모으는 식이 되어서는 안 됩니다. 지식을 끌어모으는 대신 마음을 맑고 깨끗하게 해야 합니다. 마음이 맑고 깨끗하다면 참지식은 이미 여러분의 것입니다.

깨끗하고 맑은 마음으로 가르침에 귀를 기울이면, 마치 이미 알고 있는 내용을 듣고 있는 것처럼 받아들일 수 있습니다. 이런 상태가 바로 공空, 전능한 자아, 일체지一切智입니다. 이런 상태에서 모든 것을 알 때, 여러분은 캄캄한 밤하늘과 같습니다. 때로는 캄캄한 하늘을 뚫고 한 줄기 섬광이 비칠 수도 있습니다. 그러나 그것이 지나간 후에는 그것에 대한 모든 것을 잊고, 다시 캄캄한 밤하늘만 남습니다. 갑자기 벼락이 쳐도 하늘은 꿈쩍도 하지 않습니다. 그리고 번쩍하고 번개가 치는 순간에는 어떤 멋진 광경을 볼 수도 있겠지요. 이렇게 우리의 마음이 공 상태일 때는 항상 섬광을 볼 준비가 되어 있습니다.

중국에 있는 여산廬山은 비안개가 장관을 이루는 것으로 유명합니다. 저는 아직 중국에 가본 적이 없지만 여산은 분명히 경치가 대단한 산일 것입니다. 봉우리 사이로 흰 구름과 안개가 흘러 다니는 모습은 경이로운 광경이겠지요. 그런데 중국의 어떤 시인은 이렇게 노래했습니다.

여산은 안개와 비로 유명하고
절강은 들고 나는 물로 유명할 뿐
그뿐이라네.

그뿐입니다. 하지만 장관이지요. 이것이 우리가 사물을 경험하고 음미하는 방식입니다.

그러므로 여러분은 이미 알고 있는 것을 듣는 것처럼 지식을 받아들여야 합니다. 물론 여러분에게 주어지는 여러 가지 정보를 단순히 여러분 자신의 생각이 투사된 것으로 받아들이라는 말이 아니라, 무엇을 보든지 또는 무엇을 듣든지 놀라지 말아야 한다는 뜻입니다. 만약 무엇을 자신의 생각을 투사해서 본다면 여러분은 실제로 그것을 보는 것이 아닙니다. 있는 그대로 완전히 받아들이는 것이 아니라는 말입니다.

우리가 "여산은 안개와 비로 유명하다"고 말할 때, 그것은 전에 본 적이 있는 어떤 경치를 상기하면서 그것을 투사해서 보는 것을 뜻하지 않습니다. "뭐, 별것 아니군. 전에도 이런 경치를 본 적이 있지. 거기에 비하면 여산은 아무것도 아니군!" 이렇게 하는 것은 우리의 방식이 아닙니다. 여러분이 만약 무엇을 있는 그대로 받아들일 준비가 되어 있다면, 그것을 옛 친구처럼 느끼면서도 처음 경험하는 것처럼 새로운 느낌을 맛보게 될 것입니다.

그리고 우리는 지식을 쌓아두어서는 안 됩니다. 지식으로부터 자유로워야 합니다. 다양한 지식을 수집한다면 그것은 하나의 수집물로서는 아주 훌륭할 수 있습니다. 하지만 이것은 우리의 방법이 아닙니다. 해박한 지식으로 사람들을 놀라게 하려고 해서는 안 됩니다. 무언가 특별한 것을 찾으려고 하면 안 됩니다. 어떤 것을 완전히 알고 음미하고자 한다면 여러분 자신을, 여러분이 갖고 있는 기존 관념을 잊어야만 합니다. 그리고 마치 칠흑같이 캄캄한 하늘에서 번쩍하는 섬광처럼 그것을 받아들여야 합니다.

사람들은 때때로 낯선 것을 이해하는 것이 불가능하다고 생각합니다. 그러나 실제로 우리에게 낯선 것이란 없습니다. 어떤 사람들은 이렇게 말할지도 모릅니다. "불교는 우리의 문화적 배경과 아주 달라서 이해하기가 어려워. 우리가 동양의 사상을 어떻게 이해할 수 있겠어?" 물론 불교는 불교가 태어나고 성장한 문화적 배경과 분리될 수 없습니다. 그것은 사실입니다.

하지만 일본 불교도인 제가 미국에 왔을 때, 저는 더 이상 일본인이 아닙니다. 저는 여러분의 문화적 환경 속에서 살고 있습니다. 여러분과 거의 같은 음식을 먹고 있으며, 여러분의 언어로 여러분과 의사소통을 하고 있습니다. 여러분이 비록 저를 완전히 이해하지 못할지라도, 저는 여러분을 이해하기를 원합니다. 그리고 저는 영어로 말하고 이해하는 어느 누구보다도 여러분을 더 잘 이해하고 있을지도 모릅니다. 이것은 진실입니다. 제가 영어를 전혀 이해하지 못한다 하더라도 여러분과 충분히 의사소통이 가능하리라 생각합니다. 우리가 칠흑같이 캄캄한 하늘 상태로 존재한다면, 또는 공 상태로 산다면, 말이 통하지 않아도 이해할 수 있는 가능성은 항상 있습니다.

저는 늘 부처님의 가르침을 이해하려면 인내심이 매우 강해야 한다고 말했습니다. 그런데 저는 인내심이라는 말보다 더 나은 말을 찾고 있습니다. '인'을 통상적으로 '참음'이라고 번역하는데, 그보다는 '한결같음'이라고 하는 것이 더 나아 보입니다. 참으려면 어떤 식으로든 자신을 강요하지 않으면 안 되지만, 한결같기 위해서는 어떤 노력도 필요치 않기 때문이지요.

무엇이든지 늘 그저 있는 그대로 받아들이기만 하면 됩니다. 공이 무엇인지를 모르는 사람에게는 늘 그저 있는 그대로 받아들이는 것이 대단한 인내심을 발휘하는 것처럼 보일 수도 있겠지요. 그러나 실제로는 인내한다는 것은 무엇을 받아들이지 않는 것일 수 있습니다. 단지 직관적으로라도 공의 상태를 아는 사람에게는 무엇을 있는 그대로 받아들일 수 있는 가능성이 항상 열려 있습니다. 이런 사람은 모든 것을 그 자체의 가치대로 음미할 수 있습니다. 그리고 그렇게 하는 것이 비록 어려울지라도, 무엇을 하든지 늘 한결같이 있는 그대로를 받아들임으로써 자신들의 문제를 풀어갈 수 있을 것입니다.

'인', 곧 '한결같음'은 정신을 갈고 닦는 방법입니다. 인이야말로 우리가 지속해나가야 할 수행입니다. 우리는 언제나 캄캄한 빈 하늘 상태로 살아야 합니다. 하늘은 언제나 하늘입니다. 구름이 밀려오고 번개가 쳐도 하늘은 동요하지 않습니다. 이런 빈 하늘처럼 우리는 비록 깨달음의 섬광이 번쩍여도 그 모든 것을 잊습니다. 그러면 또 다른 깨달음을 위한 준비가 됩니다. 차례차례, 그리고 가능하다면 순간순간 깨달음을 얻어야 합니다. 이것이 소위 깨달음을 얻기 전의 깨달음과 깨달음을 얻고 난 뒤의 깨달음입니다.

의사소통

"아무 의도 없이, 상황에 맞추려고 자신을 조절하지 않고, 자기 자신을 있는 그대로 표현하는 것이 매우 중요합니다."

의사소통은 선 수행에서 대단히 중요합니다. 저는 여러분의 언어를 잘 구사하지 못하기 때문에 여러분과 의사소통할 수 있는 다른 방법을 늘 찾고 있습니다. 저는 이런 식의 노력이 아주 좋은 결과를 낳을 것이라고 생각합니다.

우리는 스승의 말씀을 이해하지 못하면 그의 제자라고 할 수 없다고 말합니다. 스승의 말씀 또는 스승의 언어를 이해하는 것은 스승 자신을 이해하는 것입니다. 그런데 여러분이 스승을 이해하게 되면, 그의 언어는 단순히 말뿐만이 아니라 보다 넓은 의미에서의 언어임을 알게 됩니다. 그래서 스승의 언어를 통해서 그가 실제로 말하는 것 이상을 이해하게 됩니다.

우리가 무엇인가를 말할 때에는 늘 주관적인 의도나 상황이 개입됩니다. 그래서 완전한 말은 없습니다. 진술 속에는 어느 정도의 왜곡이 늘 포함되기 때문입니다. 그럼에도 불구하고 우리는 스승의 진술을 통하여 궁극적인 사실이라 할 수 있는 객관적인 사실 그 자체를 이해해야 합니다. 궁극적인 사실이란 영원히 변치 않는 어떤 것이 아니라, 매 순간 어떤 것의 있는 그대로의 상태를 말하는 것입니다. 그것을 '존재' 또는 '실재'라고 부를 수 있습니다.

우리가 좌선을 하고 불법을 탐구하는 이유는 직접 경험으로서의 실재를 이해하고자 함입니다. 여러분은 불법을 탐구함으로써 여러분 자신의 인간성과 지적인 능력, 여러분의 활동 속에 현존하는 진실을 이해하게 됩니다. 그리고 여러분 자신의 인간성 자체를 실재의 하나로 여기고 고찰할 수 있을 것입니다. 그러나 실재를 직접 경험하기 위해서는 선 수행을 해야만 합니다. 그래야만 여러분 스승의 말씀이나 부처님께서 하신 여러 가지 말씀의 진정한 의미를 이해할 수 있습니다. 엄격한 의미로 보면, 실재에 대해서 말한다는 것은 불가능합니다. 그럼에도 불구하고 여러분이 선 수행자라면 스승의 말을 통해서 실재를 직접 이해해야 합니다.

스승은 말로만 가르치는 것이 아닙니다. 그의 행위 또한 그가 자신을 표현하는 방법입니다. 선에서는 거동이나 태도를 중요하게 여깁니다. 여기서 태도란 우리가 취해야만 하는 어떤 특정한 행동 방식이 아니라, 여러분 자신의 자연스러운 표현을 뜻합니다. 우리는 솔직함을 중요하게 여깁니다. 자신의 느낌과 자신의 마음에 진실해야 하며, 마음속에 아무 거리낌 없이 자기 자신을 표현해야 합니다. 이렇게 하면 듣는 사람이 훨씬 쉽게 이해할 수 있습니다.

다른 사람의 말을 들을 때는 자신의 모든 선입관과 주관적인 견해를 포기하고, 그저 듣기만 하십시오. 그리고 그가 하는 행동을 주시하기만 하세요. 우리는 옳고 그름이나 좋고 나쁨에 관심을 두지 않습니다. 우리는 무엇을 볼 때와 마찬가지로 상대방을 있는 그대로 보면서 그를 수용합니다. 이것이 우리가 서로 소통하는 방법입니다.

어떤 진술을 들을 때 보통은 자신의 생각을 개입시켜서 듣습니다. 그래서 실제로는 자기 자신의 견해를 듣는 셈이 되지요. 만약 어떤 사람이 말하는 것이 여러분의 생각과 같으면 받아들이지만, 다르면 거부하거나 들으려고도 하지 않을지도 모릅니다. 이것이 다른 사람의 말을 들을 때 빠지기 쉬운 위험입니다.

또 다른 위험은 말에 얽매이는 것입니다. 만약 스승이 말할 때 그가 그 말로써 무엇을 말하려고 하는 것인가를 이해하지 못하면 여러분의 주관적인 견해대로 받아들이든지, 또는 스승의 어떤 특별한 표현법에 매여서 진의를 파악하지 못할 것입니다. 그러면 말 뒤에 있는 정신을 이해하지 못하고, 단지 평면적인 이야기로만 받아들이겠지요. 이런 위험은 늘 있습니다.

부모와 자식 사이에는 의사소통이 잘되기가 어렵지요. 부모가 항상 자식에 대한 어떤 의도를 갖고 있기 때문이지요. 그들의 의도는 대개 좋지만, 말하는 방식이나 자신을 표현하는 방식이 고정되어 있는 경우가 많습니다. 대개는 일방적이며 비현실적입니다. 사실 우리는 저마다 자신을 표현하는 자기 나름의 방식이 있으며, 그것을 상황에 따라 바꾸기가 쉽지 않습니다. 만약 부모들이 자신들의 생각을 상황에 따라 다양한 방식으로 표현할 수 있다면 자식 교육에 큰 문제가 없을 것입니다. 하지만 그렇게 하는 것은 대단히 어렵지요.

선사들조차도 자기 나름의 표현 방식이 있습니다. 니시아리 선사는 제자들을 꾸짖을 때 항상 "꺼져버려!"라고 호통을 쳤습니다. 그의 제자 중에는 그 말을 문자 그대로 받아들이고 절을 떠난 이도 있습니다. 그러나 스승은 그 제자를 쫓아내려 했던 것이 아닙니다. 단지 자신을 표현하는 방식이었던 것이지요. "정신 차려!"라고 하는 대신 "꺼져버려!"라고 호통치는 것이 그의 방식이었던 것입니다. 만약 여러분의 부모에게 이런 습관이 있다면 여러분은 쉽게 오해할 것입니다. 이런 위험이 여러분의 일상생활 속에 늘 있습니다.

그래서 듣는 사람 또는 제자는 자신의 마음속에서 일어나는 다양한 왜곡을 꼭 제거해야만 합니다. 선입관이나 주관적인 의도 또는 습관으로 가득 찬 마음으로는 무엇을 있는 그대로 보고 받아들일 수가 없습니다. 우리가 좌선을 하는 이유가 바로 이 때문입니다. 다른 것과 관련지어서 무언가를 보고 받아들이려는 우리의 마음을 좌선을 통해서 깨끗하게 하려는 것이지요.

우리 스스로를 아주 자연스럽게 표현하기는 매우 어렵습니다. 또한 다른 사람의 말에 따르거나 그들에게 가장 어울리는 방식으로 대응하는 것 또한 대단히 어렵습니다. 만약 상대방에게 맞추려고 어떤 식으로든 의도적으로 조절하려고 한다면 자신을 자연스럽게 표현할 수가 없습니다. 만약 어떤 식으로든 자신을 조절하려고 한다면 자신을 잃을 것입니다. 그러므로 아무 의도 없이, 상황에 맞추려고 자신을 조절하지 않고, 자기 자신을 있는 그대로 자유롭게 표현하는 것이 여러분 자신이나 상대방의 행복을 위해서 아주 중요합니다. 여러분은 좌선 수행을 통해서 이런 능력을 습득하게 될 것입니다.

선은 멋있고 특별한 기술이 아닙니다. 우리의 가르침은 '그저 살라'는 것입니다. 항상 실재 속에서, 진정한 의미의 삶을 살라는 것이지요. 순간순간 노력을 기울이는 것이 우리의 방식입니다. 엄밀히 말해서 매 순간 우리가 노력을 기울이는 오직 그것만을 우리는 삶에서 배울 수 있습니다. 매 순간 거기에 노력을 기울이지 않으면 부처님의 말씀조차도 배울 수 없습니다. 부처님의 말씀을 배운다는 말의 정확한 의미는, 순간순간 직면하는 어떤 행위를 통해서 그 말씀을 배운다는 뜻입니다. 그러므로 온몸과 온 마음을 우리가 하는 일에 집중해야 합니다.

그리고 주관적으로나 객관적으로나 우리 자신에게 정직해야 합니다. 특히 우리의 기분에 그러해야 합니다. 기분이 좋지 않을 때는 다른 군더더기 설명 없이 그냥 기분이 좋지 않다는 것을 표현하는 것이 좋습니다. "죄송합니다. 제가 지금 기분이 별로 안 좋습니다." 이렇게 말하면 됩니다. 그것으로 충분합니다. 그러나 "당신 때문에 몹시 화가 나는군요"라고 말하면 안 됩니다. 이렇게 말하는 것은 지나칩니다. "미안합니다. 저는 당신에게 몹시 화가 나는군요!"라고 말할 수는 있습니다. 화가 나는데 화가 나지 않는다고 말할 필요는 없습니다. 그냥 단지 "저는 화가 납니다"라고 말하면 됩니다. 그것으로 충분합니다.

진정한 의사소통의 가능성은 얼마나 솔직하냐에 달려 있습니다. 선사들은 표현이 아주 직선적입니다. 만약 여러분이 스승의 말을 통해서 실재를 직접 이해하지 못한다면, 그는 지팡이로 후려칠지도 모릅니다. 그리고 "이 뭐꼬?!" 하고 물을지도 모릅니다. 이처럼 우리의 방법은 매우 직접적입니다. 그러나 여러분도 아시다시피 이렇게 하는 것이 선은 아닙니다. 이것은 우리의 전통적인 방식이 아닙니다. 그럼에도 불구하고 실재를 직접 표현하려고 할 때, 때로는 이런 방식으로 표현하는 것이 보다 쉽습니다.

그러나 의사소통을 하는 최선의 방법은 아무 말 없이 그냥 앉아 있는 것일지도 모르겠습니다. 그러면 여러분은 선의 온전한 의미를 체득하게 될 것입니다. 실재를 알게 해주려고 제가 이성을 잃을 때까지 지팡이로 여러분을 두들기거나 아니면 여러분이 죽을 때까지 두들긴다고 해도 충분한 의사소통은 여전히 이루어지지 않을 것입니다. 최선의 방법은 그냥 앉아 있는 것입니다.

부정과
긍정

"큰 마음은 여러분이 찾아야 할 대상이 아닙니다. 여러분은 이미 큰 마음을 지니고 있습니다."

　우리의 생각에 대한 이해가 깊어질수록 그것에 대해서 말하는 것이 더욱더 어렵다는 것을 알게 됩니다. 제가 이야기를하는 목적은 여러분에게 우리의 길에 대해서 무엇인가를 알려주려는 것입니다. 그러나 우리의 길은 실제로 이렇다 저렇다 설명할 대상이 아니라 실천해야 할 무엇입니다. 가장 좋은방법은 아무런 말 없이 그저 수행하는 것입니다.

　우리의 길에 대해서 말로 설명을 하면 오해가 생기기 쉽습니다. 왜냐하면 참다운 길에는 적어도 두 측면, 곧 부정하는방식과 긍정하는 방식이 있기 때문이지요. 부정하는 방식에대해서 이야기할 때는 긍정하는 방식에 대한 설명이 빠지게되고, 긍정하는 방식에 대해서 이야기할 때는 부정하는 방식에 대한 설명이 빠지게 됩니다. 우리는 우리의 길이 지니고 있는 긍정하는 방식과 부정하는 방식을 동시에 설명할 수 없습니다. 그러므로 뭘 말해야 할지 모르겠습니다. 불법에 대해서 말하는 것은 사실상 거의 불가능합니다. 따라서 아무것도 말하지 않고 그저 수행하는 것이 최선의 방법입니다. 손가락 하나를 들어 보이거나, 둥글게 원을 하나 그리거나, 또는 단순히 절을 하는 것이 불법을 설명하는 방법일지도 모릅니다.

이 점을 이해한다면 불법에 관해서 어떻게 말해야 할지를 이해할 수 있고, 그러면 완벽하게 의사소통을 할 수 있을 것입니다. 이런 상태에서는 부처님의 가르침에 대해서 말하는 것이나 듣는 것이 수행의 하나가 될 것입니다. 좌선을 할 때는 무엇을 얻겠다는 생각 없이 그저 좌선만 합니다. 무엇에 대해서 말할 때는 그저 그것에 대해서 말하기만 합니다. 그것이 지니고 있는 긍정적인 면이나 부정적인 면에 대해서 이야기할 뿐, 그것을 지적으로 이해하려고 하거나 일방적인 자기 생각을 주장하려고 하지 않습니다. 그리고 들을 때도 마찬가지입니다. 머리로 이해하려고 애쓰지 않고, 일방적인 자기 관점에서 이해하려고 애쓰지도 않습니다. 이것이 우리가 우리의 가르침에 대해서 이야기하는 방식이고 듣는 방식입니다.

조동종의 방식은 긍정과 부정이라는 이중적인 의미를 늘 지니고 있습니다. 우리의 방식은 소승적인 동시에 대승적입니다. 저는 우리의 수행이 대단히 소승적이라고 늘 말합니다.

실제로 우리의 수행은 대승적 정신으로 하는 소승적 수행, 곧 마음이 어디에 얽매이지 않은 상태로 하는 엄격하고 형식적인 수행입니다. 우리의 수행은 대단히 형식적인 것처럼 보이지만 우리의 마음은 형식에 구애되지 않습니다. 우리는 매일 아침 똑같은 방식으로 좌선을 하지만 이것을 형식적인 수행이라고 할 이유는 없습니다. 우리의 수행을 형식적인 수행이라고 하거나 형식에 구애되지 않는 수행이라고 하는 것은 모두 분별심에서 비롯된 판단입니다.

수행 자체는 형식적이지도 비형식적이지도 않습니다. 여러분이 대승적인 마음을 갖는다면 사람들이 형식적인 것이라고 여기는 수행을 형식에 구애되지 않는 마음으로 행할 수 있습니다. 그래서 우리는 소승적인 마음으로 형식에 얽매여서 계율을 지키는 것이 대승적인 차원에서 보면 계율을 어기는 것이라고 말합니다. 여러분이 단지 형식적으로만 계율을 지킨다면 대승의 정신을 잃게 됩니다. 여러분이 이 점을 충분히 이해하기 전까지는 우리의 수행 방식을 철저하게 따를 것인지 아니면 우리의 수행이 갖고 있는 형식에 구애되지 않고 자유롭게 수행에 참여할 것인지에 대한 갈등이 늘 있을 것입니다. 하지만 우리의 수행 방식을 충분히 이해한다면 무엇을 하든 그것이 수행이 될 것이기 때문에 이런 문제는 사라집니다.

대승적인 마음을 지니고 있는 한 대승적인 수행도 소승적인 수행도 없습니다. 소승적인 입장에서 보면 계율을 어기는 것처럼 보이는 행위도 대승적인 입장에서 보면 그 계율의 진정한 뜻에 따르는 것일 수 있습니다. 문제는 여러분이 큰 마음을 가지고 있는가 작은 마음을 가지고 있는가입니다. 간단히 말하면, 여러분이 모든 일을 좋으냐 나쁘냐 따지지 않고 행할 수 있다면, 그리고 온몸과 온 마음으로 어떤 일을 한다면 그것이 곧 우리의 수행입니다.

도겐 선사께서 이렇게 말씀하셨습니다. "누군가에게 무엇을 말할 때, 그 사람은 그것을 받아들이지 않을 수도 있다. 그렇다고 해도 그를 이해시키려고 애쓰지 마라. 그가 반대하더라도 논쟁하지 말고, 반박하는 중에 자기 이야기에 잘못이 있다는 것을 스스로 알아차릴 때까지 그냥 듣고만 있어라." 이것은 대단히 흥미로운 이야기입니다. 자신의 의견을 강요하려고 하지 말고, 상대방이 생각하는 대로 놔두라는 것입니다. 논쟁을 해서 상대방을 굴복시켰다고 생각하는 것은 잘못된 태도입니다. 논쟁을 해서 이기려고 하지 말고 그저 듣기만 하십시오. 그저 듣기만 하는 것은 상대방 의견에 굴복하는 것이 아닙니다.

우리는 보통 무슨 이야기를 할 때 상대방을 가르치려는 태도를 보이거나 아니면 자신의 생각을 강요하기가 쉽습니다. 그러나 선 수행자들 사이에서는 말하는 데 특별한 목적이 있는 것도 아니고 듣는 것도 다른 목적이 없습니다. 때로는 그저 듣고 때로는 그저 말하는 것뿐이지요. 그뿐입니다. 그것은 마치 "안녕하세요!"라고 인사를 하는 것과 같습니다. 이런 식으로 의사소통하는 법을 훈련함으로써 수행을 진전시킬 수 있습니다.

아무것도 말하지 않는 것이 아주 좋을 수 있지만, 그렇다고 항상 침묵해야 할 필요는 없습니다. 아무것도 하지 않는 것까지 포함해서, 여러분이 무엇을 하든지 그것이 수행입니다. 무엇을 함과 하지 않음이 모두 큰 마음의 표현입니다. 큰 마음은 표현해야 할 무엇이지 이렇다 저렇다 짐작하거나 설명할 무엇이 아닙니다. 큰 마음은 여러분이 찾아야 할 대상이 아닙니다. 여러분은 이미 큰 마음을 지니고 있습니다. 큰 마음은 말이나 행위를 통해서 표현해야 하는, 또는 즐기고 향유할 무엇입니다. 이렇게 한다면 계율을 지키는 우리의 방식이 소승의 방식도 아니고 대승의 방식도 아닙니다.

형식적인 수행이 여러분에게 문제가 되는 것은 여러분이 엄격한 형식적인 수행을 통해서 무언가를 얻으려고 하기 때문입니다. 하지만 우리에게 어떤 문제가 있든지 그것조차 큰 마음의 표현임을 안다면 그것은 더 이상 문제가 아닙니다. 큰 마음은 어떻게 보면 너무 복잡하고 어떻게 보면 설명할 필요도 없이 단순하고 자명합니다. 그런데 이래서 문제가 되는 경우가 간혹 있습니다. 너무 복잡한 것을 단순하게 설명해보려고 한다거나, 너무 단순한 것을 복잡하게 설명하려다 보니 문제가 되는 것이지요.

여러분의 삶에 어떤 문제가 있는가 없는가는 여러분이 문제라는 것을 어떻게 이해하고 어떻게 대하느냐에 달려 있습니다. 진리는 이중적 또는 역설적인 성격을 지니고 있습니다. 그래서 여러분이 대승적인 큰 마음을 지닌다면 이해 못 할 문제는 없습니다. 우리는 진정한 좌선을 통해서 이런 큰 마음을 지니게 될 것입니다.

폭포와
열반

"삶과 죽음은 같은 것입니다. 우리가 이 사실을 깨달으면 죽음에 대한 두
려움도 사라지고 삶의 어려움도 더 이상 없어집니다."

　일본에 있는 에이헤이지 선원 입구에는 한샤쿠 교라는 작
은 다리가 있습니다. '한샤쿠'는 '반 국자'라는 뜻인데, 도겐
선사께서는 이 다리 아래 개울에서 물을 떠서 쓸 때 언제나
반 국자만 쓰고 나머지는 아무 데나 버리지 않고 강으로 돌려
주었습니다. 그래서 우리는 그 다리를 한샤쿠 교라고 부르게
되었습니다. 에이헤이지에서는 세수를 할 때도 대야에 물을
가득 채우지 않고 70퍼센트 정도만 채웁니다. 그리고 씻고
난 뒤 물을 몸의 바깥쪽으로 쏟아버리지 않고 몸의 안쪽으로
따르듯이 버립니다. 이런 수행은 어떤 경제 관념 때문이 아니
라 물에 대한 존경심의 표시입니다.
　도겐 선사께서는 개울에서 뜬 물의 반을 왜 다시 개울로 되

돌려주었을까요? 여러분은 그 이유를 이해하기가 어려울지도 모릅니다. 이런 수행은 우리의 생각을 넘어섭니다. 우리는 개울의 아름다움을 느낄 때, 그리고 물과 하나가 될 때 직관적으로 도겐 선사처럼 하게 됩니다. 그렇게 하는 것이 우리의 진정한 본성입니다. 그러나 진정한 본성이 경제성이나 효율성 등의 관념으로 덮여 있을 때는 도겐 선사처럼 하는 것이 아무 의미도 없습니다.

저는 요세미티 국립공원에서 여러 개의 거대한 폭포를 본 적이 있습니다. 가장 높은 폭포의 높이는 408미터나 되는데, 거기에서 물은 산꼭대기에서 아래로 드리운 커튼처럼 쏟아져 내립니다. 떨어지는 물의 속도는 생각보다 빨라 보이지 않았습니다. 멀리서 봐서 그런지 아주 느리게 떨어지는 것처럼 보였습니다. 그리고 물이 한 줄기로 떨어지는 것이 아니라 가늘게 여러 줄기로 갈라져서 떨어지는데, 멀리서 보면 마치 커튼처럼 보입니다.

저는 물 한 방울 한 방울에게는 그처럼 높은 곳에서 떨어져 내리는 것이 몹시 힘든 경험이겠다고 생각했습니다. 여러분도 아시다시피 물이 폭포 바닥에 도달할 때까지 어느 정도 시간이 걸립니다. 저는 우리의 삶도 폭포에서 떨어지는 물과 같을지도 모른다고 생각합니다. 살면서 폭포에서 떨어지는 물처럼 많은 힘든 경험을 하기 때문입니다.

그러나 동시에 저는 각각의 물방울이 처음부터 나뉘어 있는 것이 아니라 원래는 하나의 강이었다고 생각합니다. 물방울은 강에서 분리되어 떨어져 나올 때만 떨어지는 어려움을 겪습니다. 물이 하나의 강일 때는 아무 느낌도 없어 보입니다. 물은 여러 개의 물방울로 나누어지며 자기만의 어떤 느낌을 갖거나 그 느낌을 표현하기 시작합니다. 하나의 강 전체를 바라볼 때에는 물이 살아서 활동한다는 것을 느끼지 못합니다. 하지만 국자로 물을 뜨면 물이 표현하고 싶어 하는 어떤 느낌과 또한 그 물을 사용하는 사람도 물과 같은 경험을 하게 되는 것이 아닐까 하고 느끼게 됩니다. 우리 자신과 물을 이런 식으로 느낀다면 물을 단순히 물질로 사용할 수 없게 됩니다. 그것은 살아 있는 것입니다.

우리는 태어나기 전에 아무런 느낌도 갖고 있지 않았습니다. 그때 우리는 우주와 하나였습니다. 이것을 '오직 마음뿐[唯心]'이라고 합니다. 또는 '마음의 정수[本覺]'나 '큰 마음'이라고 합니다. 우리는 태어남으로써 이 하나인 상태에서 분리되고, 마치 폭포에서 떨어지는 물이 바람과 바위에 의해서 나누어졌을 때처럼 어떤 느낌을 갖게 되었습니다.

여러분은 느낌 때문에 힘들어합니다. 여러분은 여러분의 느낌이 어떻게 해서 생겼는지도 모르면서 느낌에 집착합니다. 여러분이 강과 하나라는 것, 또는 우주와 하나라는 것을 깨닫지 못하면 두려움이 있을 수밖에 없습니다. 물방울로 나누어졌든 그렇지 않든 간에 물은 물입니다. 삶과 죽음은 같은 것입니다. 우리가 이 사실을 깨달으면 죽음에 대한 두려움도 사라지고, 삶의 어려움도 더 이상 없어집니다.

물방울이 본래 모습인 강과 하나로 돌아갈 때, 물방울은 개체로서의 자기라는 어떤 느낌도 갖지 않게 됩니다. 그리하여 자신의 본래면목을 되찾고 평안한 고요를 누리게 됩니다. 생각해보세요. 물방울이 원래의 강으로 돌아가야 한다는 것이 얼마나 기쁘겠습니까! 물방울이 강으로 돌아갈 때 그러하다면, 우리는 죽을 때 어떤 느낌일까요? 저는 우리들 각자가 국자 속의 물과 같다고 생각합니다. 그러므로 우리는 죽을 때, 국자 속의 물이 개울로 돌아갈 때처럼 완벽한 평온을 얻게 되겠지요.

하지만 지금의 우리에게는 그런 평안이 지나치게 완벽한 평온일지도 모릅니다. 왜냐하면 우리는 아직 자신을 개별적인 존재라고 느끼고 있으며, 그 느낌에 강하게 집착하고 있기 때문입니다. 그래서 어느 정도 죽음에 대한 두려움이 있습니다. 그러나 본래면목을 되찾으면 거기에 열반이 있습니다. 우리가 열반을 소멸이라고 말하는 이유가 이 때문입니다.

'소멸한다'는 말은 그렇게 적절한 표현이라고는 볼 수 없습니다. 아마도 '지나간다'나 '나아간다' 또는 '결합한다'는 말이 더 좋은 표현일 것입니다. 어쨌든 죽음에 대한 더 나은 표현을 찾아보도록 하십시오. 여러분이 죽음에 대한 적절한 표현을 발견한다면 여러분 자신의 삶을 바라보는 아주 새로운 눈을 얻게 될 것입니다. 그것은 아마 높은 폭포에서 떨어지는 물을 보면서 제가 느끼고 생각했던 것과 같을 것입니다. 상상해보세요. 그 물이 떨어지는 폭포의 높이가 자그마치 408미터나 됩니다.

우리는 모든 것이 공(空)에서 나온다고 말합니다. 전체로서의 강이나 전체로서의 마음이 공입니다. 이것을 이해하게 되면 삶의 진정한 의미를 발견하게 됩니다. 그리고 인생의 아름다움을 볼 수 있게 됩니다. 이 사실을 깨닫기 전에는 우리가 보는 모든 것이 미망일 뿐입니다. 미망에 사로잡혀 있는 동안에는 인생의 아름다움을 과대평가하기도 하고 과소평가하거나 무시하기도 합니다. 이렇게 하는 이유는 우리의 작은 마음이 실재와 일치하지 않기 때문입니다.

이런 이야기를 말로 하는 것은 아주 쉽지만, 실제로 이런 느낌을 갖기란 그렇게 쉽지 않습니다. 그러나 좌선을 통해서 여러분은 이런 느낌을 계발할 수 있습니다. 온몸과 온 마음으로 앉아 있을 수 있다면, 몸과 마음이 하나 된 상태로 우주적인 마음의 통제를 받으면서 앉아 있을 수 있다면 이런 종류의 바른 이해를 쉽게 얻을 수 있습니다. 그러면 매일매일의 삶이 삶에 대한 이전의 잘못된 해석에 집착하지 않고 날마다 새로워질 것입니다.

이런 경험을 하게 되면 여러분이 전에 삶에 대해 생각해왔던 것이 얼마나 무의미한 것이었는지, 그리고 얼마나 쓸데없는 노력을 해왔는지 알게 될 것입니다. 여러분은 삶의 참 의미를 발견할 것입니다. 그리고 비록 폭포 꼭대기에서 밑바닥까지 곧장 떨어지는 어려움이 있을지라도 그러한 자신의 인생을 즐기게 될 것입니다.

Chapter

3

바른 이해

"부처님의 가르침을 이해한다는 것은
단지 머리로만 이해하는 것이 아닙니다.
우리에게는 수행 그 자체가 참 이해입니다."

·
·
·

"아름다움에 끌리는 것 또한 부처의 활동입니다.
잡초를 좋아하지 않는 것 또한 부처의 활동입니다."

·
·
·

전통적인
선의 정신

"여러분이 깨달음을 얻으려고 애쓰고 있다면, 그것은 업을 짓는 동시에 업에 끌려다니고 있는 것입니다."

우리의 수행에서 가장 중요한 것은 몸의 자세와 숨 쉬는 방법입니다. 우리는 불교를 깊이 이해하려는 데에는 그다지 큰 관심이 없습니다. 철학으로서의 불교는 매우 깊고 넓고 견고한 사상 체계이지만, 선은 철학적인 이해에 관심을 갖지 않습니다. 우리는 수행을 강조합니다. 우리는 몸의 자세와 숨 쉬는 훈련이 왜 그렇게 중요한지를 이해하여야 합니다. 우리 모두에게 불성이 있다는 가르침을 깊이 이해하는 것보다 이 가르침에 대한 강한 확신이 더 필요합니다. 우리의 수행은 바로 이런 확신에 기초를 두고 있습니다.

보리달마께서 중국에 오시기 전에도, 선에서 사용하는 거의 모든 용어들이 이미 사용되고 있었습니다. 예를 들면 순간적으로 단박에 깨닫는 것을 일컫는 '돈오頓悟'라는 말이 있습니다. '돈오'를 '돌연한 깨달음'이라고 번역하는 것은 적절치 않지만 임시로 그렇게 쓰겠습니다.

깨달음은 갑자기 옵니다. 그렇게 오는 것이 진짜 깨달음입니다. 보리달마 이전에는 오랜 준비가 있은 뒤에야 갑작스런 깨달음을 얻을 수 있다고 생각했습니다. 그래서 선 수행을 깨달음을 얻으려는 일종의 훈련이라고 여겼습니다. 실제로 오늘날에도 많은 사람들이 이런 생각으로 좌선을 합니다. 그러나 이것은 선에 대한 전통적인 이해가 아닙니다.

부처님으로부터 우리에게까지 전해 내려오는 가르침은, 어떤 준비 과정이 없어도 좌선을 시작하는 순간 이미 거기에 깨달음이 있다는 것입니다. 여러분이 좌선을 하든지 하지 않든지 여러분에게는 불성이 있습니다. 여러분이 이미 불성을 지니고 있기 때문에 여러분의 수행 속에는 이미 깨달음이 있습니다.

우리는 수행을 통해서 어떤 경지에 도달하는 것을 강조하지 않습니다. 우리는 우리의 진정한 본성에 대한 강한 확신과 진실한 수행을 강조합니다. 우리는 부처님처럼 진실하게 선 수행을 해야 합니다. 우리가 본래 불성을 지니고 있다면, 우리는 부처님처럼 행동해야 하며 그래서 좌선을 하는 것입니다. 우리가 수행하는 방식을 전하는 것은 우리가 부처님으로부터 전해 받은 정신을 전하는 것입니다. 그래서 우리는 정신과 몸의 자세와 행동을 전통적인 방식에 맞추어야 합니다. 물론 수행을 하는 과정에서 어떤 특별한 경지를 얻을 수도 있습니다. 그러나 자아 중심적인 관점에서 내가 뭘 얻겠다든지 또는 뭘 얻었다는 생각으로 수행을 하면 안 됩니다.

불교는 전통적으로 인간의 본성 중에 자아가 없다고 이해합니다. 자아 관념이 없을 때 우리는 부처님의 인생관을 가집니다. 자아 중심적 관념은 우리의 진정한 본성인 불성을 덮고 있는 망상입니다. 우리는 늘 자아 관념을 만들어내고 그것을 쫓아다닙니다. 그리고 이런 과정이 반복되면서 삶은 완전히 자아 본위적인 생각에 점령당하게 됩니다. 이것을 업業에 따라 사는 삶, 또는 업이라고 합니다.

불자의 삶은 업에 따라 사는 삶이어서는 안 됩니다. 우리 수행의 목적은 실로 짠 옷감처럼 업으로 짠 마음을 잘라내는 데 있습니다. 여러분이 깨달음을 얻으려고 애쓰고 있다면, 그것은 업을 짓는 동시에 업에 끌려다니고 있는 것입니다. 그리고 방석 위에서 시간만 낭비하고 있는 것입니다. 보리달마의 이해에 따르면 무엇을 얻으려는 생각으로 수행하는 것은 업을 짓는 행위를 반복하는 것에 지나지 않습니다. 이 점을 잊고 수행을 할 때 얻을 수 있는 어떤 경지를 강조한 후대의 선사들이 많았습니다.

여러분이 얻게 될 어떤 경지보다 더 중요한 것은 성실하고 바른 노력입니다. 바른 노력은 우리의 전통적인 수행에 대한 참다운 이해를 바탕으로 행해져야 합니다. 이 점을 이해한다면 바른 자세를 유지하는 것이 얼마나 중요한지를 이해할 것입니다. 전통적인 수행을 올바로 이해하지 못한다면 자세와 숨 쉬는 방법은 깨달음을 얻기 위한 하나의 수단이 되고 맙니다. 이것이 만약 여러분의 태도라면 결가부좌를 틀고 앉아 있기보다는 차라리 약을 먹는 것이 더 나을 것입니다.

만약 우리가 하는 수행이 깨달음을 얻기 위한 수단에 지나지 않는다면 실제로 깨달음을 얻을 길이 없는 셈입니다. 우리의 수행 자체가 깨달음인데, 이것이 단지 수단이라면 어디서 달리 깨달음을 얻을 수 있겠습니까. 흔들리지 않는 믿음을 가지고 우리의 길을 간다면 그 자체가 이미 깨달음입니다. 믿음을 가지고 행하는 여러분의 수행 속에 깨달음이 있습니다. 그러나 이 순간에 행하고 있는 수행이 곧 깨달음이라는 것을 믿지 못한다면 지금 하고 있는 수행이 아무것도 아닌 것이 되고 맙니다. 그것은 원숭이 같은 마음으로 목표 부근을 배회하면서, 무엇을 하고 있는지도 모르면서 항상 무언가를 찾고 있는 것입니다. 만약 무엇을 보고 싶다면 여러분 자신이 눈을 떠야만 합니다.

보리달마의 선을 이해하지 못하고 하는 수행은 눈을 감고 무엇을 보려고 애쓰는 것처럼 어리석은 짓입니다. 우리는 깨달음을 얻는다는 생각을 무시하지 않습니다. 다만 훗날 언젠가가 아니라 바로 이 순간이 가장 중요하다는 것을 강조하는 것이지요. 우리는 이 순간에 노력을 기울여야 합니다. 우리의 수행에서는 이것이 가장 중요합니다.

보리달마 이전에 부처님의 가르침에 대한 연구는 심원하고 고상한 불교 철학을 낳았습니다. 그리고 사람들은 불교 철학이 제시하는 높은 이상을 성취하려고 애썼습니다. 그러나 이것은 잘못입니다. 보리달마께서는 어떤 고상하고 심원한 이상을 만들어낸 다음 좌선을 통해서 그것을 이루려고 하는 것은 잘못임을 발견하셨습니다.

만약 우리가 그런 목적으로 좌선을 한다면 원숭이 같은 마음으로 무엇을 추구하는 통상적인 활동과 하등 다를 바가 없습니다. 매우 멋있고 고상하며 신심 있는 활동처럼 보이겠지만, 실제로는 무엇을 얻으려고 좌선을 한다면 원숭이 같은 마음과 아무것도 다를 게 없습니다. 보리달마께서 강조하신 점이 바로 이것입니다.

부처님께서는 깨달음을 얻으시기 전에 우리 중생들을 위해서 할 수 있는 모든 노력을 다 해보셨고, 마침내 여러 가지 수행법에 대해서 철저하게 이해하게 되셨습니다. 여러분은 부처님께서 업의 굴레에서 자유로워진 어떤 경지를 얻으셨다고 생각할지 모르지만, 그렇지 않습니다. 깨달음을 얻으신 다음에 부처님께서 경험하신 것에 대해서 스스로 말씀해주신 여러 가지 이야기가 전해오고 있습니다.

그분은 우리와 조금도 다름이 없으셨습니다. 부처님은 당신의 조국이 힘센 이웃 나라와 싸울 때 제자들에게 자신의 업에 대해 말씀하셨으며, 조국이 이웃 나라 왕에게 정복당하는 것을 보았을 때 얼마나 고통스러웠는가를 이야기하셨습니다. 만약 부처님께서 어떤 업도 남아 있지 않은 깨달음을 얻으셨다면 그처럼 괴로워할 이유가 없었을 것입니다. 나아가 그분은 깨달음을 얻으신 후에도 우리가 하고 있는 것과 똑같은 노력을 계속하셨습니다. 그분의 삶을 바라보는 눈은 흔들림이 없었습니다. 인생에 대한 확고한 견해를 갖고, 자신을 포함한 모든 사람들의 삶을 주시했습니다. 돌멩이나 나무나 기타 다른 사물을 바라보는 것과 같은 시선으로 자기 자신과 다른 사람을 주시했습니다. 그분은 매우 과학적인 방식으로 사물이나 사람을 관찰하고 이해하셨습니다. 이것이 깨달음을 얻으신 이후 그분 삶의 방식입니다.

진리가 인도하는 대로 따르겠다는 전통적인 정신을 지니고, 뭘 얻겠다는 자아 중심적인 생각 없이 묵묵히 수행을 해 나갈 때, 우리는 진정한 의미의 깨달음을 얻게 될 것입니다. 그리고 이 점을 이해한다면 매 순간 최선을 다하게 되겠지요. 이것이 불교에 대한 참다운 이해입니다.

부처님의 가르침을 머리로 이해하는 데만 그쳐서는 안 됩니다. 우리의 이해는 지적으로 이해함과 동시에 그 이해를 표현하는 수행 그 자체입니다. 철학적인 탐구나 사색에 의해서가 아니라, 실제 수행을 통해서만 부처님의 가르침을 이해할 수 있습니다. 그러므로 우리의 진정한 본성에 대한 확신을 가지고, 업이 업을 부르는 굴레를 부수고, 실제 수행의 세계 속에서 우리가 있을 자리를 찾으면서, 지속적으로 좌선 수행을 해나가야만 합니다.

무상

"우리는 불완전하게 존재하면서 그 속에서 완전하게 존재하는 법을 찾아야 합니다."

무상無常 또는 변화는 불교의 기본적인 가르침입니다. 변화는 모든 존재에게 기본적으로 적용되는 진리입니다. 어느 누구도 이 진리를 부정할 수 없고, 불교의 모든 가르침은 이 진리 속에 응축되어 있습니다. 이 진리는 우리 모두에게 적용됩니다. 우리가 어딜 가더라도 이 가르침은 변하지 않습니다.

모든 것이 변한다는 것은 무아無我에 대한 가르침이기도 합니다. 모든 존재가 끊임없이 변하기 때문에, 변치 않고 지속되는 자아란 존재하지 않습니다. 사실상 어떤 존재의 자성自性이란 변화 그 자체일 뿐이며, 모든 존재가 그러합니다. 어떤 존재에게만 특별하게 있는 자성은 없습니다.

우리는 무상에 대한 이 가르침을 열반에 대한 가르침이라고도 합니다. '모든 것은 변한다'는 영원한 진리를 깨닫고, 변화 속에서도 평정을 찾을 수 있다면 그것이 곧 열반에 든 것이기 때문입니다.

모든 것이 변한다는 사실을 받아들이지 않으면 완전한 평정을 찾을 수 없습니다. 그러나 유감스러운 것은 모든 것이 변한다는 사실이 참임에도 불구하고 그것을 받아들이기가 어렵다는 점입니다. 사람들은 항상 그대로인 것은 없다는 진리를 받아들이지 못하기 때문에 고통을 겪습니다. 이 진리를 수용하지 못하는 것이 고통의 원인입니다. 그러므로 고통의 원인에 대한 가르침과 모든 것이 변한다는 가르침은 동일한 가르침의 양면이라고 할 수 있습니다. 객관적으로 모든 게 변한다는 것이 기본적인 사실이지만, 주관적으로는 모든 것이 변한다는 사실 때문에 고통스럽습니다.

도겐 선사께서는 무엇인가를 강요하는 것처럼 들리지 않는 가르침은 참 가르침이 아니라고 하셨습니다. 모든 것이 변한다는 가르침 자체는 객관적인 진리이며, 그 자체로는 우리에게 아무것도 강요하지 않습니다. 그러나 현실을 유지하고 싶어 하는 인간적인 성향 때문에 이 가르침이 우리에게 무엇인가를 강요하는 것처럼 들립니다.

그러나 우리가 좋든 싫든 이 진리는 존재합니다. 만약 아무것도 존재하지 않는다면 모든 것이 변한다는 진리도 존재할 수 없습니다. 불교의 가르침은 이렇게 각 존재들 때문에 있습니다. 우리는 불완전하게 존재하면서 그 속에서 완전하게 존재하는 법을 찾아야 합니다. 불완전함 속에서 완전함을 찾아야 하는 것이지요. 완벽한 완전함은 불완전함과 다르지 않습니다. 영원하지 않는 존재 상태 때문에 영원함이 존재합니다.

불교에서는 이 세상 밖에 있는 무엇인가를 구하는 것을 이단적인 견해로 봅니다. 우리는 우리 외에 어떤 것을 찾지 않습니다. 우리는 이 세상 속에서, 우리가 경험하는 여러 가지 어려움과 고통을 통해서 진리를 발견해야 합니다. 이것이 불교의 기본적인 가르침입니다.

즐거움과 어려움은 다르지 않습니다. 좋은 것과 나쁜 것도 서로 다르지 않습니다. 나쁜 것이 좋고, 좋은 것이 나쁩니다. 이런 것은 모두 동전의 양면과 같습니다. 수행 따로 깨달음 따로가 아니라, 수행 속에 깨달음이 있어야 하는 것도 같은 이유에서입니다. 이것이 우리의 수행과 삶에 대한 올바른 이해입니다.

고통 속에서 기쁨을 발견하는 것, 이것이 모든 것은 변한다는 진리를 받아들이는 유일한 방법입니다. 이 진리를 받아들이지 못하면 이 세상을 살아가는 것이 몹시 힘듭니다. 힘이 든다고 이 세상에서 벗어나려고 해본들 그렇게 할 수 없을 것입니다. 모든 것이 변한다는 진리를 받아들이지 않고도 인생의 고통에서 벗어날 다른 길이 있을 것이라는 생각은 망상입니다. 모든 것이 변한다는 가르침은 이 세상을 살아가는 방식에 대한 가장 기본적인 가르침입니다.

여러분은 이 가르침에 대해서 어떤 느낌이 들든지 이 가르침을 받아들여야만 합니다. 느낌에 상관없이 이 가르침을 받아들이는 노력을 해야만 합니다.

어려움을 기쁨으로 받아들일 만큼 충분히 강해질 때까지 이런 노력을 계속해 나가야 합니다. 만약 여러분이 충분히 솔직하다면 이 진리를 받아들이는 것이 그렇게 어렵지 않습니다. 여러분의 사고방식을 약간 바꾸면 됩니다. 그것이 쉽지는 않겠지만, 그렇다고 어려운 것도 아닙니다. 어떤 때는 모든 것이 변한다는 가르침을 받아들이기가 어렵겠지만 어떤 때는 그렇게 어렵지 않을 것입니다.

예를 들어 여러분이 고통을 당하고 있다면 모든 것이 변한다는 가르침에서 어느 정도 위로를 받을 수도 있을 것입니다. 곤경에 처했을 때 이 가르침을 받아들이기가 훨씬 더 쉽습니다. 그런데 삶이 순조로울 때에는 왜 이 가르침을 받아들이지 않을까요? 모든 것이 변한다는 진리를 삶이 고통스러울 때는 받아들이고 순조로울 때는 받아들이지 않는 이유가 사실은 똑같습니다. 때로는 여러분의 삶에서 이런 모습을 보면서, 자신이 얼마나 이기적인지를 발견하고 스스로를 비웃을지도 모릅니다.

여러분이 이 가르침에 대해서 어떻게 느끼든지, 어쨌든 사

고방식을 바꾸고 모든 것이 변한다는 진리를 받아들이는 것
은 매우 중요합니다.

존재의
속성

"어떤 일을 할 때 여러분이 하고 있는 활동에 마음을 고정시키고 확신에
차서 그 일을 한다면, 여러분의 마음 상태가 활동 그 자체가 됩니다."

좌선의 목적은 육체적으로 그리고 정신적으로 존재의 자유를 얻는 데 있습니다. 도겐 선사의 가르침에 따르면 모든 존재는 광대한 현상세계 속으로 비쳐 들어온 섬광들이며, 개별적인 존재들은 보편적인 존재 자체의 다른 표현들입니다.

저는 종종 새벽에 많은 별들을 봅니다. 별들은 먼 거리를 엄청나게 빠른 속도로 날아온 빛이지요. 그러나 저에게는 별들이 빨리 움직이는 것이 아니라 고요하고 차분하며 평화롭게 느껴집니다. 우리는 "고요함 속에 활동이 있어야 하고, 활동 속에 고요함이 있어야 한다"고 말하는데, 실제로 고요함과 활동은 하나입니다. '고요함'이라고 하거나 '활동'이라고 말하는 것은 하나의 사실을 다른 관점에서 본 것에 불과합니다. 우리의 활동 속에는 조화가 있습니다. 그리고 조화가 있는 곳에는 고요함이 있습니다. 그러므로 활동 속에 고요함이 있는 것입니다. 조화는 존재의 속성입니다. 그런데 존재의 속성이란 빠르게 움직이는 활동일 뿐입니다.

좌선을 하려고 앉으면 고요하고 평온한 느낌이 들지만, 우리 몸속에서 어떤 활동이 벌어지고 있는지는 모릅니다. 우리 육체 조직은 완벽히 조화롭게 활동합니다. 그래서 그 속에서 고요함을 느낍니다. 우리가 비록 고요함을 느끼지 못하는 경우라도, 고요함이라는 존재의 속성은 늘 현존하고 있습니다. 그러므로 고요함이나 활동 또는 정지나 움직임이라는 문제로 고민할 필요가 없습니다.

어떤 일을 할 때 여러분이 하고 있는 활동에 마음을 고정시키고 확신에 차서 그 일을 한다면, 여러분의 마음 상태가 활동 그 자체가 됩니다. 여러분이 여러분 자신의 존재의 속성에 집중할 때, 여러분은 진정으로 활동할 준비가 된 것입니다. 움직임은 그저 존재의 속성일 뿐입니다. 좌선을 할 때, 우리가 고요하고 차분하고 견고하게 앉아 있는 것도 존재 자체의 광대한 활동의 속성입니다.

"모든 존재는 광대한 현상세계 속으로 비쳐 들어온 섬광들"이라는 도겐 선사의 말씀은 우리의 활동과 우리 자신들의 존재를 자유롭게 해줍니다. 만약 이 말을 제대로 이해하고 바른 자세로 앉는다면, 여러분이 비록 순간순간 변하는 덧없는 존재라도 존재의 자유를 얻을 수 있습니다.

이 순간에 순간적으로 존재하는 존재는 변화하지 않고, 움직이지도 않으며, 항상 다른 존재들로부터 독립적입니다. 다음 순간에는 이 순간의 존재와는 다른 존재가 나타납니다. 엄밀히 말해서 어제의 나와 이 순간의 나 사이에는 아무런 연관이 없습니다. 이 둘 사이에는 어떤 관련도 없습니다.

도겐 선사께서는 "숯이 재가 되는 것이 아니다"라고 말씀하셨습니다. 재는 재입니다. 재와 숯은 아무 관련이 없습니다. 각자의 과거와 미래가 있습니다. 재는 숯에 종속된 존재가 아니라, 그 자체가 광대한 현상세계에 비쳐 들어온 섬광이기 때문에 독립적인 존재입니다. 검은 숯과 빨갛게 타오르는 숯불 또한 전혀 다른 존재입니다. 검은 숯 역시 광대한 현상세계에 비쳐 들어온 섬광입니다. 검은 숯은 빨갛게 타오르는 숯불이 아닙니다. 그러므로 검은 숯과 빨갛게 타오르는 숯불은 서로 독립적입니다. 장작과 재도 서로 독립적이고, 모든 존재가 서로 독립적입니다.

저는 지금 로스앨터스에 앉아 있습니다. 내일 아침에는 아마 샌프란시스코에 있을 것입니다. 로스앨터스의 '나'와 샌프란시스코의 '나' 사이에는 아무런 연관이 없습니다. 서로 아주 다른 존재입니다. 이것을 인식할 수 있을 때 순간순간 존재하는 존재의 자유를 누릴 수 있습니다. 여러분과 저 사이에도 아무런 연관이 없습니다. 제가 '여러분'이라고 말할 때 거기에는 '내'가 없습니다. 제가 '나'라고 말할 때 거기에는 '여러분'이 없습니다. 여러분은 독립적입니다. 그리고 저 또한 독립적입니다. 우리는 순간순간 이렇게 독립적으로 존재합니다.

그러나 이 말은 우리가 완전히 다른 존재라는 뜻은 아닙니다. 실제로 우리는 한 존재입니다. 그러나 다릅니다. 매우 역설적이지만 사실이 그렇습니다. 우리 각자가 광대한 현상세계 속에 비쳐 들어온 독립적인 섬광들입니다. 제가 앉아 있을 때 거기에 다른 사람은 없습니다. 이건 제가 여러분이 있는 것을 무시한다는 뜻이 아닙니다. 보편적인 존재 차원에서, 저는 현상세계의 모든 존재와 완벽하게 하나입니다. 그래서 제가 앉아 있을 때 여러분도 함께 앉아 있는 것이며, 이 세상 모든 존재가 함께 앉아 있는 것입니다. 이것이 우리의 좌선입니다.

여러분이 앉아 있을 때 이 세상 모든 존재가 함께 앉아 있습니다. 그리고 모든 존재가 여러분의 존재의 속성을 만들어냅니다. 저는 여러분의 보편적인 존재의 일부이며, 여러분 속으로 들어가서 여러분의 존재의 속성을 만들어냅니다. 이렇게 보편적인 존재로 존재하는 수행 속에서 우리는 현상세계의 다른 존재들로부터 절대적인 해방을 경험합니다.

여러분이 만약 이 비밀을 이해한다면 선 수행과 일상생활이 하나도 다르지 않다는 것을 알게 됩니다. 그러면 원하는 것을 원하는 대로 할 수 있게 됩니다.

　손가락의 느낌이 훌륭한 그림을 만들어냅니다. 만약 붓에 묻히는 물감의 농도를 느낄 수 있다면 그림을 그리기 전에 이미 거기에 그림이 있는 것입니다. 붓을 물감에 담글 때 이미 자신이 어떤 그림을 그릴 것인지 아는 것입니다. 어떤 그림을 그릴지 모른다면 붓을 물감에 담글 수 없겠지요. 마찬가지로 여러분이 무엇을 하기 이전에 이미 여러분이라는 '존재'가 거기 있으며, 결과 또한 거기에 있습니다.

　비록 여러분이 조용히 앉아 있는 것처럼 보일지라도 과거와 현재의 모든 행동이 그 안에 있으며, 앉아 있음으로 해서 따라올 결과도 이미 현존하고 있습니다. 여러분은 결코 쉬고 있는 것이 아닙니다. 과거와 현재와 미래의 모든 활동이 이 순간의 여러분 안에 있습니다. 이것이 여러분의 존재입니다. 그러므로 앉아 있음 안에 여러분의 수행의 모든 결과가 이미 포함되어 있습니다. 이것이 우리의 수행이고 우리의 좌선입니다.

　도겐 선사는 어릴 때 돌아가신 어머님의 시신 곁에서 피어오르는 향의 연기를 보고 인생의 덧없음을 느끼고 불법에 관심을 갖기 시작했다고 합니다. 이런 느낌은 그의 내면에서 자라나 결국은 깨달음을 성취하고 깊은 철학을 전개하는 결과를 낳았습니다. 그가 향에서 피어오르는 연기를 보면서 인생의 덧없음을 느낄 때, 동시에 엄청난 외로움을 느꼈습니다.

그러나 그런 외로운 느낌은 점점 더 강해져서 그가 스물여덟 살이 되었을 때 깨달음으로 꽃피었습니다.

깨달음의 순간에 그는 "몸도 없고 마음도 없다!"고 외쳤습니다. 그가 몸도 없고 마음도 없다고 외칠 때, 그의 존재 전체는 광대한 현상세계에 비쳐 들어온 한 줄기 섬광이 된 것입니다. 그 섬광은 모든 것을 포함하고 있고, 모든 것을 덮고 있으며, 현상세계의 모든 것이 그 안에 포함되어 있는, 광대하며 절대적으로 독립적인 존재였습니다. 이것이 그분의 깨달음이었습니다. 덧없는 인생이라는 외로운 감정에서 출발하여 자신의 존재의 속성에 대한 강렬한 체험을 하게 된 것이지요.

그분은 "나는 몸과 마음을 버렸다"고 했습니다. 우리는 몸과 마음을 갖고 있다고 생각하기 때문에 외로움을 느낍니다. 그러나 모든 것이 광대한 우주 속으로 비쳐 들어온 하나의 섬광일 뿐임을 깨닫는다면 여러분은 대단히 강해지고 여러분의 존재가 매우 의미 있어질 것입니다. 이것이 도겐 선사의 깨달음이었고, 우리의 수행입니다.

자연
스러움

"모든 활동이 순간순간 무에서 나올 때, 우리는 순간마다 삶의 참기쁨을 얻습니다."

자연스러움이 무엇인지에 대해서 큰 오해가 있습니다. 우리에게 오는 많은 사람들이 자유롭거나 자연스럽기를 바랍니다. 그러나 그들이 이해하고 있는 자연스러움은 우리가 삿된 자연스러움이라고 부르는 것입니다. 그들은 어떤 형식에도 구애받지 않고 자기 하고 싶은 대로 하는 것을 자유나 자연스러움이라고 알고 있습니다. 대부분의 사람들이 자연스러움을 이런 식으로 이해하고 있습니다. 그러나 이것은 우리가 말하는 자연스러움이 아닙니다.

자연스러움을 무엇이라고 설명하기는 어려우나, 저는 그것이 모든 것으로부터 독립적인 어떤 느낌 또는 무에 기반을 둔 어떤 활동이라고 생각합니다. 무에서 나오는 행위는 씨앗이나 식물이 땅 위로 나오는 것처럼 자연스럽습니다. 씨앗은 자기가 어떤 식물이라는 생각이 없습니다. 그러나 자신의 형태를 가지고 있으며, 땅을 비롯한 주변 환경과 완벽하게 조화를 이루고 있지요. 씨앗은 시간이 지남에 따라, 자라면서 자신의 본성을 표현합니다. 자신만의 모양과 색깔을 드러내면서 다른 존재들과 완벽하게 조화를 이룹니다. 그리고 이러는 과정에 어떤 문제도 없습니다. 이것이 우리가 말하는 자연스러움입니다.

　나무나 돌이 자연스러운 데에는 아무런 문제도 없습니다. 그러나 우리가 자연스럽기 위해서는 해결해야 하는 아주 큰 문제가 있습니다. 우리에게 자연스러움은 그렇게 되기 위해서 힘써야 할 무엇입니다. 행위가 무에서 나올 때 매우 신선한 느낌을 경험할 수 있습니다. 예를 들어 배가 고플 때 약간의 음식을 먹는 것은 자연스럽습니다. 이럴 때는 당연한 것을 당연히 한다는 자연스러움이 있습니다. 그러나 음식을 먹으면서도 이런저런 기대가 있다면 음식을 먹는 행위가 자연스럽지 못합니다. 그럴 때는 어떤 신선한 느낌도 없고 음식의 맛과 향을 음미할 수도 없습니다.

　참다운 좌선 수행은 목이 마를 때 물을 마시는 것처럼 앉는 것입니다. 이것이 자연스러움입니다. 잠이 쏟아지면 잠깐 낮잠을 자는 것은 아주 자연스럽습니다. 하지만 마치 낮잠을 자는 것이 인간의 특권인 양 게으름을 피우면서 낮잠을 잔다면 그것은 자연스럽지 못합니다. '다른 사람도 다 낮잠을 자는데 나라고 못 잘 게 뭐야?'라고 생각한다든지, '다른 사람은 다 놀고 있는데 나만 왜 이렇게 뼈 빠지게 일을 해야 하나?'라고 투덜대거나 또는 '저 사람들은 돈이 많은데 나는 왜 없는 거야?'라고 불평한다면 이것은 자연스러움이 아닙니다. 이런 경우에 여러분의 생각은 다른 사람들에 대한 생각과 뒤엉혀서 전혀 독립적이지 못하고, 그래서 여러분 자신으로 존재하지 못하기 때문에 자연스럽지 않습니다.

여러분이 비록 가부좌를 틀고 앉아 있더라도 여러분의 좌선이 자연스럽지 않다면 그것은 참다운 수행이 아닙니다. 목이 마를 때는 억지로가 아니라 자연스럽게 물을 마십니다. 기꺼이 물을 마실 것입니다. 마찬가지로 좌선을 하는 것이 즐겁다면 그것이 참좌선입니다. 그러나 억지로 좌선을 하더라도 그런 수행 중에 무엇인가 좋은 느낌이 든다면 그것이 좌선입니다. 사실 자연스러움은 강요하는 바가 있느냐 없느냐의 문제가 아닙니다. 비록 어느 정도 어려움이 있더라도 좌선을 하기를 원한다면, 좌선하는 것이 자연스러움입니다.

이런 종류의 자연스러움, 곧 억지로 하는 것 같은데 자연스러운 것은 설명하기가 매우 어렵습니다. 하지만 여러분이 그저 앉을 수 있고 여러분의 수행 속에서 무의 현실성을 체험할 수 있다면 설명은 필요 없습니다. 무엇을 하든지 무에서 나오는 것이라면 자연스럽고 진정한 활동입니다.

여러분의 수행이 이렇게 자연스러운 활동이 된다면 수행의 참기쁨을 얻게 될 것이고, 그런 수행 속에서 삶의 참기쁨도 얻을 것입니다. 모든 활동이 순간순간 무에서 나올 때, 우리는 순간마다 삶의 참기쁨을 얻습니다. 이것을 '진공묘유眞空妙有', 즉 '완전히 비어 있음으로부터 불가사의한 것이 나온다'라고 합니다. 진眞은 '참', 공空은 '비어 있음', 묘妙는 '묘한', 유有는 '있음'이라는 뜻입니다.

무가 없으면 어떤 자연스러움도 없습니다. 곧 무가 없으면 진정한 존재가 없는 것입니다. 진정한 존재는 순간순간 무에서 나옵니다. 무는 항상 거기 있으며 그것으로부터 모든 것이 나타납니다. 그러나 여러분은 보통 무에 대해서는 까맣게 잊고 자신이 무엇을 가지고 있는 듯이 행동합니다. 대개 자기가 갖고 있는 어떤 확고한 생각을 기반으로 행동하는데, 이것은 자연스러운 행동이 아닙니다.

예를 들면 강의를 들을 때 또는 다른 사람의 말을 들을 때는 아무런 선입견 없이, 말하는 사람이 하는 말을 그저 듣기만 해야 합니다. 마음속에 아무것도 간직하고 있지 않는 것이 자연스러움입니다. 이렇게 자연스럽게 듣는다면 다른 사람이 무엇을 말하는지 이해하게 될 것입니다. 그러나 상대방이 말하는 것과 비교할 수 있는 어떤 생각을 갖고 있으면 상대방의 이야기를 이해하는 것이 아니라 일방적으로 여러분 자신의 주관적인 해석을 할 수밖에 없습니다. 이렇게 하는 것은 자연스러움이 아닙니다.

　무엇을 하든지 다른 생각 없이, 하고 있는 그 일에 완전히 몰두해야 합니다. 그럴 때는 아무것도 지니지 않고, 하는 일에만 집중하게 됩니다. 이런 것이 자연스러움입니다. 그러므로 만약 여러분의 활동이 진공에서 나오지 않는다면 그것은 자연스러운 활동이 아닙니다.

　사람들은 대개 자기 생각을 주장합니다. 요즘 젊은 사람들은 사랑 이야기를 많이 합니다. 사랑! 사랑! 사랑! 그들의 마음은 온통 사랑으로 꽉 차 있습니다. 그들은 선에 입문하려고 할 때, 제가 말하는 것이 사랑에 대한 자신들의 생각과 일치하지 않으면 제 말을 잘 받아들이지 않습니다. 여러분도 아시다시피 그들은 아주 고집이 셉니다. 놀랄 정도지요. 물론 모두 다 그런 것은 아니지만 정말로 대단히 완강한 사람들이 있습니다. 완강한 것은 자연스러움이 결코 아닙니다.

　그들이 비록 사랑이니 자유니 자연스러움이니 하고 이야기를 하지만 그들은 이런 것을 이해하지 못하고 있습니다. 자기 생각을 완강하게 지키려는 태도를 지니고 있는 한 선이 무엇인지를 이해할 수 없습니다. 여러분이 선을 공부하기 원한다면 다른 생각을 모두 접고 그저 좌선을 하면 됩니다. 그리고 그 수행 속에서 어떤 체험을 하게 되는지를 보면 됩니다. 이렇게 하는 것이 자연스러움입니다.

　무엇을 하든지 이런 태도가 필요합니다. 우리는 가끔 '유연심柔軟心'이라는 말을 씁니다. 유柔는 '부드러운 느낌'이고 연軟은 '딱딱하지 않은 것'입니다. 유연한 마음이란 부드럽고 딱딱하지 않은 마음입니다. 마음이 유연할 때 삶에 기쁨이 생깁니다. 유연한 마음을 잃으면 모든 것을 잃게 됩니다. 그러면 여러분은 무엇인가를 가지고 있다고 생각할지라도 아무것도 가진 게 없습니다. 하지만 여러분의 모든 행동이 무에서 나올 때 여러분은 모든 것을 갖게 됩니다. 이 말을 이해할 수 있겠습니까? 이것이 우리가 자연스러움이라고 말할 때 뜻하는 바입니다.

공

"불교의 가르침을 배우려면 마음 대청소부터 해야 합니다."

불교의 가르침을 이해하길 원한다면 기존에 가지고 있던 관념들은 모두 잊는 것이 꼭 필요합니다. 배움을 시작하기에 앞서 여러분이 가지고 있는 실체나 존재에 대한 관념을 포기해야만 합니다.

사람들은 대개 존재라는 관념에 단단히 뿌리를 박은 인생관을 갖고 있습니다. 대부분의 사람들은 모든 것을 존재하는 것으로 봅니다. 보고 듣는 모든 것을 존재한다고 생각합니다. 물론 우리가 눈으로 보거나 울음소리를 귀로 듣는 새는 존재합니다. 분명 존재하지만 제가 '무엇이 존재한다'고 말할 때 그 의미는 여러분이 '무엇이 존재한다'고 말할 때와 다를 수 있습니다. 인생에 대한 불교적인 이해는 존재와 비존재 양자를 모두 포함하고 있습니다. 새는 존재하는 동시에 존재하지 않습니다.

우리는 오직 존재에만 기초한 인생관을 외도外道(불교의 입장에서 이단으로 여기는, 불교 이외의 모든 가르침)라고 합니다. 오감으로 경험하는 여러 가지 사물을 마치 확실한 실체인 양, 그리고 영원히 존재하는 것처럼 여긴다면 그것이 외도입니다. 이렇게 본다면 아마 대부분의 사람들이 외도에 속할 것입니다.

존재는 공에서 나와서 공으로 돌아갑니다. 공에서 출현하는 것이 참존재입니다. 그러므로 존재하기 위해서는 공이라는 관문을 통과해야만 합니다. 존재에 대한 이런 인식은 설명하기가 매우 어렵습니다. 오늘날 많은 사람들이 적어도 지적知的으로는 현대 세계의 공허함 또는 현대 문화의 자기모순성을 느끼기 시작했습니다. 예를 들면 과거에 일본 사람들은 자신들의 문화와 전통적인 삶의 방식이 영원히 지속될 것이라고 확신했지요. 그러나 전쟁에서 패한 이후 일본의 문화와 전통에 대해서 깊은 회의를 느끼기 시작했습니다. 어떤 사람들은 이런 회의적인 태도를 걱정하지만, 저는 그것이 과거의 태도보다는 낫다고 생각합니다.

우리가 미래에 대해서 어떻게 되었으면 좋겠다는 뚜렷한 생각을 갖고 있는 한, 지금 이 순간 현존하고 있는 상태를 성실하게 대할 수 없습니다. 여러분은 오늘 존재하는 것이 내일도 존재하리라고 믿기 때문에 '그 일은 내일 해야지. 아니면 내년에 하면 되지'라고 생각할 수 있습니다. 또한 열심히 애쓰지는 않을지라도, 어떤 구체적인 길을 꾸준히 따라가다 보면 바라는 상태에 도달할 수 있을 것이라고 막연히 기대합니다. 그러나 변하지 않고 영원히 같은 상태로 존재하는 길은 없습니다. 우리를 위해 미리 만들어져 있는 그런 길은 없습니다. 우리는 순간순간 자신의 길을 찾아야만 합니다. 다른 사람들이 말하는 완전이나 완전한 길은 우리를 위한 길이 아닙니다.

우리는 저마다 자신의 참다운 길을 만들어야 합니다. 자신을 위해 참다운 길을 만든다면, 그것은 보편적인 길을 표현할 것입니다. 이것은 신비입니다. 한 가지를 철저하게 이해할 때 모든 것을 이해하게 됩니다. 만약 여러분이 모든 것을 이해하려고 한다면 아무것도 이해하지 못할 것입니다. 최선의 길은 자기 자신을 아는 것입니다.

자기를 알면 모든 것을 알게 됩니다. 자신의 길을 만들기 위해서 열심히 노력할 때 다른 사람을 도울 수 있으며, 또 다른 사람에게 도움을 받을 수도 있습니다. 자신의 길을 찾기 전까지는 다른 사람을 아무도 도울 수 없고 다른 사람의 도움도 받을 수 없습니다. 진정한 의미의 독립적인 존재가 되기 위해서는 마음속에 지니고 있는 기존 관념을 모두 지워버리고 순간순간 아주 새로운 것을 찾아야만 합니다. 그러지 않으면 기존 관념으로부터 독립적인 삶을 살 수가 없습니다. 이것이 우리가 이 세상에서 살아가는 방식입니다.

그래서 우리는 진정한 앎은 공에서 나온다고 하는 것입니다. 불교의 가르침을 배우려면 마음 대청소부터 해야 합니다. 여러분의 마음이라고 하는 방에서 모든 것을 쓸어내서 방이 티끌 하나 없이 깨끗해져야 합니다. 만약 필요하다면(원한다면) 쓸어내버린 것들을 하나씩 하나씩 다시 들여놓을 수도 있습니다. 그러나 꼭 필요한 것이 아니라면 가지고 있을 필요가 없겠지요. 여러분이 많은 것들을 원한다면 하나씩 하나씩 다시 들여놓을 수 있습니다.

날아가는 새를 볼 때가 있지요. 때로는 새가 날아간 자취를 보기도 합니다. 그러나 실제로는 날아가는 새의 자취를 볼 수는 없습니다. 다만 자취가 보이는 것처럼 느끼는 것이지요. 이렇게 실제로는 볼 수 없지만 보이는 것처럼 느끼듯이, 방에서 끌어낸 것들 중에서 실제로는 필요 없지만 필요하다고 느끼는 것들을 다시 들여놓는 것도 괜찮습니다. 하지만 어떤 것을 방에 들여놓으려면, 그 전에 무엇인가를 끄집어내지 않으면 안 됩니다. 그렇게 하지 않고 들여놓기만 한다면, 방은 낡고 쓸모없는 잡동사니로 뒤범벅이 되어 쓰레기통처럼 변할 것입니다.

우리는 "졸졸대는 시냇물 소리를 차츰차츰 멈추게 한다"는 표현을 씁니다. 시냇가를 걸으면 물 흐르는 소리가 들리지요.

그 소리는 지속적입니다. 그러나 그 소리를 멈추게 하고 싶을 때 멈추게 할 수 있어야 합니다. 그것이 자유이며 포기입니다. 여러분의 마음속에 여러 가지 생각이 연속적으로 떠오르겠지만, 생각을 멈추고 싶을 때 멈출 수 있어야 합니다. 여러분이 졸졸대는 시냇물 소리를 멈추게 할 수 있을 때, 하고 있는 일의 느낌을 음미할 수 있을 것입니다. 그러나 어떤 고정관념을 가지고 있거나 습관적인 방식으로 무슨 일을 한다면 하고 있는 일의 진정한 의미를 음미할 수 없을 것입니다.

자유를 찾는 동안에는 자유를 경험하지 못합니다. 절대적 자유를 경험하려면 먼저 절대적 자유 그 자체가 있어야만 합니다. 절대적 자유 그 자체를 경험하는 것이 우리의 수행입니다. 우리는 늘 한 방향으로만 가지는 않습니다. 어떤 때는 동쪽으로 가고 어떤 때는 서쪽으로 갑니다. 우리의 수행에서는 서쪽으로 10리를 가는 것이 동쪽으로 10리를 가는 것과 같습니다. 이것이 자유입니다. 이런 자유가 없으면 하고 있는 일에 집중할 수 없습니다.

여러분은 무엇인가에 집중하고 있다고 생각할지도 모릅니다. 하지만 이런 자유를 얻기 전까지는 집중하고 있다고 생각하면서도 뭔가 마음이 흩어지는 느낌이 있을 것입니다. 동쪽으로 간다거나 아니면 서쪽으로 간다는 이원적인 관념이 있기 때문에 온전히 집중할 수 없는 것이지요. 이원성에 사로잡혀 있는 동안에는 하고 있는 일 자체에 집중할 수 없고 절대적 자유도 경험할 수 없습니다.

집중은 무엇을 보려고 열심히 애쓰는 것이 아닙니다. 좌선을 하면서 한 점을 바라보려고 애쓴다면 5분 이내에 피곤해질 것입니다. 이것은 집중이 아닙니다. 우리가 말하는 집중은 자유를 의미합니다. 무엇을 향한 노력은 집중이 아닙니다. 여러분은 아무것에도 집중하지 않고 집중해야 합니다.

좌선을 할 때 마음을 호흡에 집중해야 합니다. 그러나 마음을 호흡에 집중하는 방법은, 자신에 대한 모든 것을 잊고 그저 앉아서 자신의 호흡을 느끼는 것입니다. 만약 마음이 호흡에 집중되면 자기 자신을 잊게 될 것이고, 자기 자신을 잊는다면 호흡에 집중하게 될 것입니다. 저는 어느 쪽이 먼저인지는 모르겠습니다. 그러므로 호흡에 집중하라고 해서 실제로 호흡에 집중하려고 지나치게 애쓸 필요가 없습니다. 할 수 있는 만큼만 하면 됩니다. 이러한 수행을 계속해 나가다 보면 차츰차츰 공에서 나오는 참존재를 경험하게 될 것입니다.

준비된
마음

"마음이 준비된 상태, 그것이 곧 지혜입니다."

《반야심경》에서 가장 중요한 개념은 말할 것도 없이 '공空'
이지요. 공이 무엇인지를 이해하기 전에는 모든 것이 실체를
갖고 존재하는 것처럼 보입니다. 그러나 사물의 공성空性을
깨달으면 모든 것이 실체가 없이 실재하고 있다는 것을 알게
됩니다. 우리가 보는 모든 것이 실체 없이 실재하는 공의 일
부임을 깨달을 때, 어떤 존재에도 집착하지 않을 수 있습니
다. 그때 우리는 모든 것이 가상의 형태와 색깔을 임시로 가
질 뿐임을 알게 되며, 그렇게 나타난 가상의 임시적인 존재들
의 진정한 의미를 알아차리게 됩니다.

모든 것이 가상의 임시적인 존재라는 말을 처음 들으면
대부분의 사람들은 실망합니다. 이런 실망은 인간과 세상을

잘못 파악하고 있기 때문에 느끼는 것입니다. 대부분의 사람들이 자기중심적인 태도로 세상을 보는 습관에 깊이 물들어 있기 때문에 모든 것이 가상의 임시적인 존재라는 말을 들으면 실망하는 것이지요. 그러나 모든 것이 가상의 임시적인 존재일 뿐이라는 이 진리를 깨달으면 모든 고통이 사라질 것입니다.

《반야심경》은 "관자재보살께서 모든 것이 비어 있음을 보고 일체의 고통에서 벗어났다"고 말합니다. 그런데 관자재보살께서는 모든 것이 공이라는 진리를 알아차린 이후에 고통을 극복하신 것이 아닙니다. 모든 것이 공임을 알아차리는 것 자체가 구원입니다.

우리는 '깨닫는다'고 말하지만 진리에 대한 깨달음은 늘 가까이에 있습니다. 진리를 깨닫는 것은 좌선 수행을 한 이후가 아닙니다. 좌선 수행을 하기 전에도 깨달음은 거기에 있습니다. 진리를 이해한 다음에 깨달음을 얻는 것이 아닙니다. 진리를 깨닫는다는 것은 지금 여기에 존재하며 산다는 뜻입니다. 그러므로 진리는 이해나 수행과는 관계없이 현존하는 궁극적인 사실입니다. 《반야심경》에서 부처님은 우리가 항상 순간순간 마주치는 궁극적인 사실에 대해서 말씀하고 계신 것입니다. 이것은 매우 중요한 가르침입니다. 이것이 보리달마의 좌선입니다.

수행하기 전에도 깨달음은 이미 현존하고 있습니다. 그러나 사람들은 대개 선 수행과 깨달음을 다른 것으로 생각합니다. 마치 안경을 쓰면 안 보이던 것이 보이는 것처럼, 수행을 하면 깨달음이 보일 것이라고 생각하는 식이지요. 이것은 잘못된 이해입니다. 안경 자체가 깨달음이며, 그것을 쓰는 것 또한 깨달음입니다. 무엇을 하든지, 심지어 아무것도 하지 않을 때라도 깨달음은 항상 현존합니다. 이것이 깨달음에 대한 보리달마의 이해입니다.

때로는 좌선을 하기 때문에 참다운 좌선을 하지 못하는 경우도 있습니다. 수행을 하지 않을 때라도 거기에 이미 깨달음이 있으며, 그것이 참다운 수행일 수 있습니다. 그러나 여러분이 수행할 때 '너'나 '나'라는 구체적인 생각 또는 수행이나 좌선이니 하는 어떤 특정한 관념에 사로잡힐 수 있습니다. 그래서 '내가 수행을 한다'는 생각을 갖고 있는 동안 여러분과 수행은 별개의 것이 됩니다. 좌선을 하는 동안 수행과 여러분이 하나가 된다면 그것이 개구리 좌선입니다. 개구리에게는 앉는 것 자체가 좌선이기 때문입니다. 개구리가 외부에서 접근하는 무엇을 의식하고 팔짝 뛸 때는 좌선이 아닙니다. 공이란 모든 것이 항상 지금 여기에 현존하고 있음을 뜻한다는 것을 확실히 이해한다면 수행을 깨달음의 도구로 보는 오해가 사라질 것입니다.

하나인 전체적인 존재는 개별적인 존재들의 집적이 아닙니다. 하나의 전체적인 존재를 부분으로 나누는 일은 불가능합니다. 하나의 전체적인 존재가 항상 지금 여기에 현존하면서 작용하고 있습니다. 이것을 아는 것이 깨달음입니다. 그러므로 깨달음을 얻기 위한 어떤 특별한 수행은 없다고 할 수 있습니다. 《반야심경》에서 부처님은 "눈도 없고, 귀도 없고, 코도 없고, 혀도 없고, 몸도 없고, 마음도 없다無眼耳鼻舌身意"고 말씀하셨습니다. 이렇게 아무것도 없는 마음[無心]이 선심禪心이며, 모든 것을 하나의 전체 안에 포함하고 있는 마음입니다.

참다운 이해를 하기 위해서는 유연하고 자유로운 사고방식으로 관찰하는 것이 중요합니다. 어떤 생각에 고착되지 않으며 생각하고 관찰해야 합니다. 무엇을 있는 그대로 받아들이는 데 어려움이 없어야 합니다. 그러기 위해서는 마음이 사물을 있는 그대로 받아들일 수 있을 만큼 충분히 유연하고 열려 있어야 합니다. 생각이 유연해야 침착하고 흔들리지 않습니다. 이런 사고는 늘 안정되어 있습니다. 이것을 일컬어 정심定心이라고 합니다. 여러 갈래로 흩어진 생각은 참다운 생각이 아닙니다. 우리의 생각이 늘 집중 상태여야 합니다. 이것이 정심, 곧 흩어짐 없는 마음입니다. 대상이 있든 없든 마음이 안정되어야 합니다. 흩어지면 안 됩니다. 이것이 좌선입니다.

어떤 특정한 방식으로 생각하려고 애쓸 필요가 없습니다. 한쪽 면만 생각하면 안 됩니다. 우리는 온 마음으로 전체적으로 생각하며, 어떤 특별한 노력도 하지 않고 사물을 있는 그대로 보아야 합니다. 그저 보는 것이 좌선입니다. 특정한 시각이 아니라 온 마음으로 사물을 볼 준비를 하는 것이 좌선 수행입니다. 이런 준비가 되어 있다면 어떻게 생각하려고 애쓸 필요가 없습니다. 이것이 정심입니다. 정심은 지혜입니다.

우리는 지혜를 어떤 특별한 정신 능력이나 철학을 뜻하는 말로 사용하지 않습니다. 마음이 준비된 상태, 그것이 곧 지혜입니다. 그러므로 지혜는 다양한 철학이나 가르침일 수도 있고 여러 가지 탐구와 연구일 수도 있습니다. 그러나 우리는 어떤 특정한 것만을 지혜로 여기고 거기에 집착하면 안 됩니다. 그것은 준비된 마음이 아닙니다.

예를 들면 부처님의 가르침에만 집착하는 것도 준비된 마음이 아니며, 따라서 그렇게 하는 것은 참지혜가 아닙니다. 지혜는 배워야 할 무엇이 아닙니다. 정심에서 나오는 것 그것이 지혜입니다. 그러므로 사물을 어떤 특정한 시각으로가 아니라 있는 그대로 관찰할 준비를 하는 것, 그리고 유연하게 생각할 준비를 하는 것이 중요합니다. 이런 마음 상태가 공입니다. 그러므로 좌선 수행이 곧 공입니다.

무를
믿는 믿음

> "일상생활에서 우리 생각의 99퍼센트는 자기중심적입니다. '나는 왜 고통스럽지? 나는 왜 어렵지?'라는 식으로 생각에 계속 '나'가 따라붙습니다."

저는 아무것도 아닌 것, 곧 무에 대한 믿음이 절대적으로 필요하다는 것을 발견했습니다. 우리는 형태도 없고 색깔도 없는 무엇, 모든 형태와 색깔이 나타나기 이전에 존재하는 그 무엇을 믿어야만 합니다. 이것은 매우 중요합니다. 어떤 신을 믿든 또는 어떤 교리를 믿든, 그것에 집착하게 되면 여러분의 믿음은 어느 정도 자기중심적인 관념에 기초를 두게 될 것입니다.

여러분은 자신의 구원을 위해서 어떤 완전한 신앙을 추구할 것입니다. 그러나 여러분이 생각하는 완전한 신앙에 도달하려면 시간이 걸립니다. 그동안 여러분은 이상주의적인 수행에 빠질 수 있습니다. 그러면 자신의 이상을 실현하려고 끊임없이 애쓰기 때문에 평정의 시간을 갖지 못할 것입니다. 그러나 이런저런 형태와 색깔을 지닌 현상적 존재가 나타나는 데에는 그만한 이유가 있을 것이라는 믿음을 갖고, 우리가 보는 모든 것을 아무것도 아닌 무에서 출현하는 무엇으로 받아들일 준비가 되어 있다면 그 순간 완전한 평정을 누리게 될 것입니다.

머리가 아프다면 머리가 아픈 이유가 있겠지요. 머리가 왜 아픈지를 안다면 기분이 좀 나아질 것입니다. 그러나 그 이유를 모르면 "아, 두통이 지독하네! 수행을 제대로 안 해서 이런가? 좀 더 열심히 좌선을 했더라면 이렇지는 않았을 텐데!"라고 생각할 수도 있습니다. 그러나 이런 식으로 생각한다면, 여러분이 생각하는 완전한 상태에 도달할 때까지 여러분 자신이나 여러분의 수행에 대한 완전한 믿음을 갖지 못하겠지요. 저는 여러분이 이렇게 완전한 상태에 도달하려는 생각으로 너무 분주해서 완전한 수행을 성취할 시간이 없고, 그래서 늘 두통으로 고생하게 되지 않을까 염려가 됩니다. 완전을 지향하는 수행은 아주 어리석은 수행입니다. 그런 수행은 두통에 효력이 없을 것입니다.

그러나 만약 두통 이전에 존재하는 어떤 것을 믿는다면, 그리고 두통이 생기는 이유를 안다면 자연스럽게 기분이 나아질 것입니다. 그러면 두통을 오히려 괜찮은 것으로 받아들일 수 있습니다. 여러분이 두통을 느낄 만큼 충분히 건강하다는 뜻이기 때문입니다. 위통이 있다면 여러분의 위가 통증을 느낄 만큼 충분히 건강한 것입니다. 만약 위가 허약한 상태에 길들여진다면 아무런 통증도 느끼지 못할 것입니다. 그것이 무서운 것이지요. 위장병으로 인생을 끝내게 될 테니까요.

그러므로 무에 대한 믿음은 누구에게나 꼭 필요한 것입니다. 하지만 무라고 해서 공허한 것은 아닙니다. 특정한 형태를 취하고 나타날 준비가 늘 되어 있는 무엇인가가 있습니다. 그것이 활동하는 데에는 어떤 규칙이나 이론 또는 진리가 있습니다. 이것을 불성이라고 하며, 이것이 부처 자체입니다. 이 무의 존재가 인격화될 때 우리는 그것을 부처[佛]라고 하고, 그것이 지닌 궁극적인 진리를 법[法]이라고 하며, 우리가 진리를 받아들이고 부처의 일부로서 행동할 때 또는 진리에 따라 행동할 때 우리 자신을 승[僧]이라고 합니다. 그러나 불·법·승이라는 세 형식으로 부처가 나타나지만, 본래는 형태도 색깔도 없는, 그러나 형태나 색깔을 띨 준비가 늘 되어 있는 하나의 존재입니다.

이것은 단지 이론에 지나지 않거나 불교의 가르침에 불과한 것이 아닙니다. 우리가 인생에 대해서 가져야 할 절대적으로 필요한 인식입니다. 이런 이해가 없으면 종교는 도움이 되지 않습니다. 이런 이해가 없으면 종교가 오히려 구속을 할 것이며, 종교 때문에 더 많은 문제에 휩싸이게 될 것입니다. 여러분이 만약 불교의 제물이 된다면 저는 대단히 기쁠지 모르겠습니다. 하지만 여러분 자신은 행복하지 않을 것입니다. 그러므로 이런 이해는 대단히 중요합니다.

여러분이 좌선을 하고 있는 동안 새벽어둠 속에서 지붕 위로 빗물이 떨어지는 소리를 들을 수도 있습니다. 조금 지나면 큰 나무들 사이로 안개가 멋지게 피어오를 것이고, 조금 더 지나면 사람들이 일을 시작하면서 아름다운 산을 보게 되겠지요. 그러나 아직 잠자리에 누워 있다면 비 오는 소리가 짜증스러운 사람도 있을 것입니다. 그들은 조금만 지나면 동녘에서 떠오르는 아름다운 태양을 보게 될 것을 알지 못합니다. 우리의 마음이 우리 자신에게 집중하면 이런 식이 됩니다.

그러나 우리 자신을 진리 또는 불성의 체현體現으로 받아들인다면 짜증 날 일이 없을 것입니다. 아마 이렇게 생각할 것입니다. "지금은 비가 오지만 조금 있으면 어떻게 될지 누가 알겠는가. 밖에 나갈 때쯤이면 날이 갤 수도 있고 비바람이 더 세차게 몰아칠지도 모르지. 아무튼 어찌 될지 모르는 일이니 지금은 빗소리나 듣고 있자." 이런 태도가 올바른 태도입니다.

여러분이 자신을 진리의 일시적인 체현으로 이해한다면 여러분에게는 어떤 어려움도 없을 것입니다. 설령 어려움이 있다고 할지라도 어려움으로 경험하지 않고, 여러분 자신을 불성의 위대한 활동의 경이로운 일부로 인식하고 주변에서 벌어지고 있는 상황을 음미할 수 있게 될 것입니다. 이런 태도가 우리가 살아가는 방식이어야 합니다.

불교 용어로 말하자면 우리는 깨달음에서 시작해서 수행으로, 그다음에 생각으로 진행해 나가야 합니다. 보통의 경우 생각은 상당히 자기중심적입니다. 일상생활에서 우리 생각의 99퍼센트는 자기중심적입니다. '나는 왜 고통스럽지? 나는 왜 어렵지?'라는 식으로 생각에 계속 '나'가 따라붙습니다. 과학을 공부하거나 이해하기 어려운 경전을 읽기 시작하면 얼마 안 가서 졸음이 오지요. 그러나 자기중심적인 생각을 할 때에는 졸음은커녕 초롱초롱한 눈으로 매우 적극적으로 생각을 진행시킵니다.

그러나 생각에 앞서서 또 수행에 앞서서 깨달음이 있다면, 여러분의 생각이나 수행은 자기중심적인 성향에서 벗어날 것입니다. 제가 말하는 깨달음은 아무것도 아닌 무에 대한 믿음, 형태도 색깔도 없지만 형태나 색깔을 취할 준비가 늘 되어 있는 그것에 대한 믿음을 뜻합니다. 무에 대한 믿음이 깨달음이라고 하는 것은 변할 수 없는 진리입니다. 우리의 활동과 생각과 수행은 바로 이 불변의 진리에 기초를 두어야 합니다.

집착

"아름다운 것에 끌리는 것 또한 부처의 활동입니다. 또한 잡초를 좋아하지 않는 것 역시 부처의 활동입니다."

도겐 선사께서는 "지금 한밤중일지라도 새벽이 여기에 있으며, 새벽이 온다 해도 그것이 한밤중이다"라고 말씀하셨습니다. 이런 말씀은 부처님에게서 조사들에게, 조사들에게서 도겐 선사에게, 그리고 우리에게 전해진 세상에 대한 이해입니다. 밤과 낮은 다르지 않습니다. 같은 것을 때로는 밤이라 부르고 때로는 낮이라 부르는 것입니다. 밤과 낮은 하나입니다.

좌선과 일상생활은 하나입니다. 우리는 좌선을 일상생활로 여기고, 일상생활을 좌선으로 여깁니다. 그러나 우리는 보통 '이제 좌선이 끝났으니 일하러 가야겠다'라고 생각합니다. 이것은 올바른 이해가 아닙니다. 좌선과 일상생활은 하나입니다. 하나의 삶에서 빠져나갈 길은 없습니다. 그러므로 활동 속에 고요가 있어야 하고, 고요 속에 활동이 있어야 합니다. 고요와 활동은 분리된 다른 것이 아닙니다.

모든 존재는 다른 존재들과 연결되어 있습니다. 엄밀히 말해서 분리된 개별적인 존재는 없습니다. 하나의 존재에 대한 많은 이름이 있을 뿐입니다. 사람들은 모든 존재의 '일체'를 강조하기도 합니다. 그러나 우리의 이해는 그와 다릅니다. 우리는 어떤 것도 강조하지 않습니다. 심지어는 '일체'조차도 강조하지 않습니다.

'일체'도 가치가 있지만 다양성 또한 중요합니다. 다양성을 무시하고 모든 존재의 '일체'만을 강조하는 것은 일방적인 이해입니다. 이렇게 이해하는 한 '일체'와 다양성은 차이가 있는 다른 것이 됩니다. 하지만 '일체'와 다양성은 같은 것이기에, 다양한 각 존재 속에 있는 '일체'를 음미해야 합니다. 우리가 마음의 어떤 특정한 상태보다는 일상생활을 강조하는 이유가 바로 여기에 있습니다. 우리는 매 순간, 그리고 각각의 현상 속에서 실재를 볼 수 있어야 합니다. 이것은 매우 중요합니다.

도겐 선사께서는 "모든 것이 불성의 체현이라 할지라도 우리는 꽃은 좋아하고 잡초는 좋아하지 않는다"고 말씀하셨습니다. 이것이 인간성의 진실입니다. 우리가 어떤 아름다운 것에 끌리는 것은 그 자체가 부처의 활동입니다. 또한 잡초를 좋아하지 않는 것 역시 부처의 활동입니다. 이것을 꼭 알아야 합니다. 만약 모든 것이 부처의 활동임을 안다면 어떤 것에 마음이 끌리는 것이 아무 문제가 되지 않습니다. 만약 그것이 부처의 활동으로서의 집착이라면 그것은 무집착입니다.

사랑하는 마음 안에 미워하거나 가까이하기 싫은 마음도 있다는 것을 인정해야 하며, 미워하는 마음 안에 사랑하는 마음이나 용납하는 마음도 있다는 것을 알아야 합니다. 사랑과 미움은 하나입니다. 사랑에만 집착해서는 안 됩니다. 미움도 받아들여야 합니다. 잡초가 성가시게 느껴지더라도 그 존재를 인정해야 합니다. 싫으면 사랑하지 않으면 되고, 사랑스러우면 사랑하면 됩니다. 그뿐입니다.

여러분은 보통 다른 사람이나 주변의 사물을 대하는 태도가 공정하지 못한 것 때문에 자책합니다. 어떤 것을 용납하지 못하는 태도를 스스로 비난하는 것이지요. 일반적으로 사람들이 무엇을 용납하는 방식과 우리가 무엇을 용납하는 방식이 똑같아 보일지라도, 사실은 매우 미묘한 차이가 있습니다. 앞에서 밤과 낮이 차이가 없고, 너와 내가 하나라는 것을 말했지요. 이것은 '일체'에 대한 이야기입니다. 그러나 우리는 일체조차 강조하지 않습니다. 모든 것이 하나인데 그것을 굳이 강조할 필요가 어디 있겠습니까?

도겐 선사께서는 "무엇을 배운다는 것은 그대 자신을 아는 것이다. 불법을 탐구하는 것은 그대 자신을 탐구하는 것이다"라고 말씀하셨습니다. 그렇습니다. 무엇을 배운다는 것은 이전에 알지 못했던 어떤 것을 얻는 것이 아닙니다. 여러분은 그것을 배우기 이전에 이미 알고 있습니다. 무엇인가를 알기 이전의 '나'와 무엇인가를 알고 난 다음의 '나' 사이에는 아무런 차이도 없습니다. 무지한 사람과 현명한 사람 사이에는 아무런 차이가 없습니다. 바보가 현자이며, 현자가 바보입니다.

그러나 사람들은 대개 '나는 똑똑한데 저 사람은 멍청하다'거나 '나는 옛날에는 무식했는데 지금은 지혜롭다'는 식으로 생각합니다. 그러나 만약 우리가 옛날에 우둔했다면 어떻게 현명해질 수 있겠습니까? 부처님은 우둔한 사람과 현명한 사람 사이에 아무런 차이도 없음을 가르치셨습니다. 부처님의 그 가르침은 사실입니다. 그러나 이렇게 말하면 사람들은 제가 '일체'를 강조하는 것이라고 여길지도 모릅니다. 그러나 그렇지 않습니다. 저는 아무것도 강조하지 않습니다.

우리가 원하는 것은 무엇을 있는 그대로 알고자 하는 것뿐입니다. 무엇을 있는 그대로 알면, 특징을 꼬집어서 이렇다 저렇다 할 것이 아무것도 없게 됩니다. 강조할 것이 하나도 없게 되는 것이지요. 도겐 선사께서 이렇게 말씀하셨습니다. "우리가 사랑해도 꽃은 지고, 우리가 사랑하지 않더라도 잡초는 자란다." 그렇습니다. 우리가 어떻게 느끼든지 그저 그러한 것, 이게 인생입니다.

우리는 삶을 이런 식으로 이해해야 합니다. 그러면 삶에 아무런 문제가 없습니다. 어떤 특정한 것을 강조하기 때문에 늘 문제에 휘말리는 것입니다. 그러므로 무엇을 있는 그대로 받아들이는 법을 배워야 합니다. 이것이 우리가 모든 것을 이해하는 방법이며, 이 세상에서 살아가는 방법입니다. 이런 종류의 경험은 생각을 넘어서는 것입니다. 생각의 영역에서는 '일체'와 다양성 사이에 차이가 있습니다. 그러나 실제 경험 속에서는 전체성과 다양성은 같습니다. 여러분은 생각으로 전체성이나 다양성 같은 관념을 만들어내고 그 관념에 사로잡힙니다. 그리고 실제로 생각할 필요가 전혀 없음에도 불구하고 끝없는 생각을 계속합니다.

감정적으로 많은 문제가 있습니다. 하지만 이 문제들은 실제로 문제가 아닙니다. 그것들은 우리의 자기중심적인 관념이나 견해가 만들어낸 것입니다. 우리가 어떤 특정한 감정에 매달리기 때문에 그것이 문제가 됩니다. 그러나 실제로는 어떤 특정한 감정만을 분리해서 그것에 매달리는 것은 불가능합니다.

행복은 슬픔이며 슬픔은 행복입니다. 어려움 속에 행복이 있으며 행복 속에 어려움이 있습니다. 비록 우리가 다르게 느낄지라도 그것들은 실제로 다르지 않으며, 본질적으로 똑같은 것입니다. 이것이 부처님으로부터 우리에게 전해진 세상과 삶에 대한 참다운 이해입니다.

고요

"선 수행자에게는 잡초가 보물입니다."

이런 선시(禪詩)가 있습니다.

바람 멎으니
떨어지는 꽃이 보이네
지저귀는 새소리 있어
산의 고요함을 알겠노라.

고요함 속에서는, 어떤 일이 일어나기 전까지 고요함을 느끼지 못합니다. 어떤 일이 일어나야만 고요했다는 것을 알게 되지요. 일본에 이런 속담이 있습니다. "달에는 구름이 있고, 꽃에는 바람이 있다." 우리는 달의 일부분이 구름이나 나무나 잡초에 가려져 있을 때 달이 얼마나 둥근지 새삼 느낍니다. 아무것도 가린 것이 없는 깨끗한 달을 볼 때는 구름이나 나무나 잡초가 가렸을 때처럼 그렇게 둥글다는 느낌이 들지 않습니다.

좌선을 하고 있을 때는 마음이 완전한 고요 속에 있습니다. 여러분은 아무것도 느끼지 못합니다. 그저 앉아 있을 뿐이지요. 그러나 앉음의 고요는 여러분의 일상생활에 활기를 불어넣을 것입니다. 무엇이 일어날 때 고요함을 알아차리거나 또는 나무나 구름에 가렸을 때 달이 더 둥글게 보이는 것처럼, 여러분은 좌선의 가치를 앉아 있을 때보다는 일상생활을 하는 중에 발견하게 될 것입니다.

그렇다고 좌선을 소홀히 해도 된다는 뜻은 아닙니다. 앉아 있을 때 아무것도 느끼지 못한다고 하더라도, 이 좌선의 경험이 없으면 일상생활에서 아무것도 발견하지 못할 것입니다. 그러면 일상생활에서 나무나 구름이나 잡초만 볼 뿐 달을 보지 못할 것입니다. 사람들이 항상 무엇인가에 대해 불평을 하는 이유가 바로 여기에 있습니다. 그러나 선 수행자에게는 잡초가 보물입니다. 잡초 때문에 달이 둥근 것을 새삼스럽게 느낄 수 있기 때문이지요. 여러분이 무엇을 하든지 이런 태도를 갖는다면 인생은 예술이 될 겁니다.

좌선을 할 때는 무엇을 얻으려고 애쓰면 안 됩니다. 마음의 완전한 고요 속에서 그저 앉아 있기만 해야 하며, 무엇에도 의지하지 않아야 합니다. 아무것에도 기대지 말고 몸을 곧게 유지하기만 하십시오. 몸을 곧게 유지하는 것은 어떤 것에도 의지하지 않는다는 뜻입니다. 육체와 정신이 함께 이런 태도를 유지하면 완전한 고요를 얻게 될 것입니다. 좌선을 하면서 무엇에 의지하려고 하거나 무엇인가를 하려고 애쓰는 것은 이원적인 상태에 있는 것이고, 그런 상태는 완전한 고요가 아닙니다.

일반적으로 우리는 일상생활에서 무엇인가를 하려고 합니다. 어떤 것을 다른 것으로 바꾸려고 하고, 또는 무엇인가를 얻으려고 애씁니다. 그런데 결과가 아니라, 이런 노력 자체가 우리의 진정한 본성의 표현입니다. 노력하는 과정 그 자체에 의미가 있습니다. 그러므로 무엇인가를 얻기 전에 얻으려고 애쓰는 노력의 의미를 발견해야 합니다. 그래서 도겐 선사께서 "깨달음을 얻기 전에 깨달음을 얻어야 한다"고 말씀하신 것입니다.

우리가 노력하는 과정의 참다운 의미를 발견하는 것은 깨달음을 얻은 이후가 아닙니다. 무엇인가를 하려고 애쓰는 것, 그 자체가 깨달음입니다. 어렵고 힘들 때, 그 과정 속에 우리의 깨달음이 있습니다. 오욕스러운 처지에 놓일 때, 그때 우리 마음에 평정이 있어야 합니다. 사람들은 보통 덧없이 흘러가는 인생에 맞춰 살기가 무척 힘들다고 하지만, 우리가 영원한 생명의 기쁨을 맛볼 수 있는 것은 오직 이 덧없는 인생 속에서뿐입니다.

결과가 아니라 과정 자체가 깨달음이라는 인식을 간직하고 수행을 계속해 나가면 스스로를 향상시킬 수 있습니다. 그러나 이런 인식이 없이 무엇인가를 얻으려고 애쓴다면 힘만 들 뿐 만족스러운 결과를 얻지 못할 것입니다. 목표에 도달하려고 투쟁하는 동안 여러분 자신을 잃고, 결국 아무것도 성취하지 못할 것입니다. 어려움 속에서 계속 힘만 들 것입니다. 그러나 올바로 인식한다면 향상의 길로 나아갈 수 있습니다. 그러면 여러분이 무엇을 하든지, 비록 지금 당장 완전하지는 않더라도 자신의 가장 깊은 곳에 자리 잡고 있는 본성에 기초하게 될 것이며, 조금씩 조금씩 성취를 향해 나아가게 될 것입니다.

깨달음을 얻는 것과 깨달음을 얻기 전에 깨달음을 얻는 것, 이 둘 중에 무엇이 더 중요합니까? 백만장자가 되는 것과 백만장자는 못 되더라도 조금씩 조금씩 노력하는 과정 속에서 인생을 향유하는 것, 이 둘 중에 무엇이 더 중요합니까? 성공하는 것과 성공하려고 노력하는 과정에서 어떤 의미를 발견하는 것, 이 둘 중에 무엇이 더 중요합니까? 이 질문들에 대한 답을 모른다면 좌선을 하는 것조차 아무 의미가 없을 것입니다. 하지만 답을 안다면 여러분은 인생의 진짜 보물을 찾은 것입니다.

철학이
아닌 경험

"불교가 실제로 무엇인지도 모르면서, 불교가 철학이나 가르침으로서 얼마나 완벽한가를 말하는 것은 불경스러운 모독입니다."

이 나라에는 불교에 관심이 있는 사람들이 많습니다. 하지만 순수한 모습의 불교에 대해서 관심을 갖는 사람들은 몇 안 됩니다. 사람들은 대부분 불교의 가르침이나 불교 철학을 공부하는 데 관심이 있습니다. 그들은 불교가 다른 종교에 비해서 지적이라는 점을 높이 평가합니다.

그러나 불교가 철학적으로 심오하고, 훌륭하고, 완전한지 여부는 중요하지 않습니다. 우리의 목적은 수행을 순수한 형태로 유지해 나가는 것입니다. 저는 불교가 실제로 무엇인지도 모르면서, 불교가 철학이나 가르침으로서 얼마나 완벽한가를 말하는 것은 불경스러운 모독이란 느낌을 가끔 받습니다.

불교에서 그리고 우리에게는 여럿이 함께 좌선을 하는 것이 가장 중요한 일입니다. 왜냐하면 이런 수행이 삶의 근원적인 방식이기 때문입니다. 근원을 모르면 인생에서 기울이는 노력의 결과를 맛보지 못합니다. 우리의 노력에는 분명히 어떤 의미가 있습니다. 그런데 우리의 노력의 근원을 발견해야만 우리의 노력이 지니고 있는 의미를 알 수 있습니다. 그러므로 노력의 근원을 알기 전에, 노력의 결과에 관심을 가지면 안 됩니다.

우리가 무슨 노력을 하든지 그 근원이 깨끗하고 순수하지 않다면 우리의 노력은 순수하지 않을 것이며, 결과 또한 만족스럽지 못할 것입니다. 우리가 우리의 본래면목을 회복하고 여기에 기초하여 끊임없이 노력한다면 순간순간, 하루하루, 그리고 해를 거듭하면서 그 결과를 맛보게 될 것입니다. 우리가 삶을 음미하는 방식은 이래야 합니다.

근원을 모른 채 노력의 결과에만 집착하는 사람들은 그 결과를 맛볼 기회가 없을 것입니다. 그들에게는 원하는 결과가 결코 오지 않을 것이기 때문입니다. 그러나 여러분의 노력이 매 순간 순수한 근원에서 솟아난다면, 무엇을 하든지 다 좋은 일이 될 것이고 여러분은 여러분의 행위에 만족할 수 있을 것입니다.

좌선은 그것을 통해서 무엇을 얻으려는 생각 없이, 그리고 명성과 어떤 이익도 구함 없이, 그 속에서 우리가 순수한 삶의 길을 회복하는 수행입니다. 좌선 수행을 함으로써 우리는 우리의 진정한 본성을 간직할 뿐입니다. 우리의 진정한 본성은 머리로는 알 수 없는 것이기 때문에 그것을 지적으로 분석하려고 애쓸 필요는 없습니다. 인식하려고 할 필요도 없습니다. 진정한 본성은 우리의 인식을 초월해 있기 때문입니다. 그러므로 무엇을 얻으려는 생각 없이, 지극히 순수한 의도로, 우리의 진정한 본성 안에 머물면서 그저 앉아 있는 것이 우리의 수행입니다.

선방에는 이상한 것이 아무것도 없습니다. 우리는 그저 와서 앉을 뿐입니다. 좌선이 끝나면 서로 이런저런 이야기를 나눈 뒤 집으로 돌아갑니다. 그리고 순수한 수행의 연장선상에서 일상적인 활동을 하면서 진정한 삶을 즐깁니다. 그런데도 이것이 매우 특이하게 보이나 봅니다. 제가 어디를 가든지 사람들은 제 대답을 노트에 받아 적을 준비를 하고 "불교가 무엇입니까?"라고 묻습니다. 그럴 때 제 느낌이 어떨지 충분히 상상할 수 있을 것입니다.

우리는 여기에서 그저 좌선을 할 뿐입니다. 우리가 하는 것은 이것이 전부이며, 이 수행 속에서 우리는 행복합니다. 우리는 선이 무엇인지 이해해야 할 필요성을 느끼지 못합니다. 우리는 그저 좌선을 할 뿐이지, 지적인 관점에서 선이 무엇인지를 알아야 할 필요가 없습니다. 이것이 미국 문화 시각에서는 매우 특이하게 보이겠지요.

미국에는 다양한 삶의 방식과 많은 종교가 있기 때문에 여러 가지 종교를 비교하면서 그 차이에 대해 이야기하는 것이 아주 자연스럽게 보일 수도 있습니다. 그러나 우리는 불교와 기독교를 비교해야 할 필요성을 느끼지 않습니다. 불교는 불교이고, 불교는 우리의 수행입니다. 순수한 마음으로 그저 수행만 하고 있을 때, 우리는 우리가 하고 있는 것이 무엇인지조차 모릅니다. 그러므로 우리는 우리의 길을 다른 종교와 비교할 수가 없습니다.

　어떤 사람들은 선불교는 종교가 아니라고 하기도 합니다. 아마 그럴 것입니다. 아니면 선불교는 종교 이전의 종교라고 할 수도 있을 것입니다. 어쨌거나 지적으로 연구하지 않고도, 또한 사원이나 예배 도구도 없이 우리의 진정한 본성을 경험하는 일이 가능하다는 것은 놀라운 일입니다. 불교가 특이하다면 바로 이 점이 특이할 것입니다.

진정한
불교

"실제로 우리는 결코 조동종이 아닙니다. 우리는 그저 불자일 뿐이지요. 우리는 선불교도조차 아닙니다. 이 점을 이해한다면 우리는 진정한 불자일 것입니다."

불교에서는 네 가지 행동 양식, 곧 다니고 머물고 앉고 눕는 것[行住坐臥]에 대해서 이야기합니다. 그러나 좌선은 이 네 가지 행동 양식 중의 하나인 앉는 것에 포함되지 않습니다.

도겐 선사께서는 조동종은 불교의 여러 종파 중 하나가 아니라고 가르치셨습니다. 중국의 조동종은 불교의 많은 종파 중 하나일지도 모릅니다. 그러나 도겐 선사의 말씀에 따르면 그분의 길은 많은 종파들 가운데 하나가 아닙니다. 그러면 불교의 종파도 아니면서 왜 우리가 앉는 자세와 스승이 필요하다는 것을 그토록 강조하느냐고 묻는 사람이 있을 수도 있겠지요. 그 이유는 좌선은 불교의 네 가지 행동 양식 가운데 하나가 아니기 때문입니다.

좌선은 수많은 행위를 포괄하고 있는 수행입니다. 좌선은 부처님 이전에 이미 시작되었으며, 영원히 계속될 것입니다. 그러므로 바른 자세로 앉는 것은 다른 네 가지 행동과 비교될 수 있는 것이 아닙니다.

사람들은 보통 불교에 대한 어떤 특정 종파의 주장이나 이해를 강조하면서 "이것이 불교다"라고 생각합니다. 그러나 우리는 우리의 길을 사람들이 일반적으로 알고 있는 다른 수행들과 비교할 수 없으며, 우리의 가르침을 불교에 대한 다른 가르침들과 비교할 수가 없습니다. 이런 이유 때문에 우리는 불교의 어떤 특수한 이해에만 집착하지 않는 스승을 필요로 하는 것입니다.

부처님의 본래 가르침 속에는 모든 다양한 종파의 가르침이 포함되어 있습니다. 불자로서 우리가 기울여야 하는 전통적인 노력은 부처님께서 노력하신 것과 같아야 합니다. 그러므로 우리는 어떤 특정한 종파나 교리에 집착해서는 안 됩니다. 그럼에도 불구하고 스승이 필요한 이유는, 스승을 만나지 못하면 자신의 이해에 자부심을 갖게 되고 그러면 자기 견해에 속박되어서 다양한 가르침을 포함하고 있는 부처님의 본래 가르침의 본질을 잃게 되기 때문입니다.

부처님이 가르침의 창시자이셨기 때문에 사람들은 그분의 가르침을 임시로 '불교'라고 부르지만, 실제로 불교는 어떤 특별한 종교가 아닙니다. 불교는 그 안에 다양한 진리를 포함하고 있는 진리 그 자체입니다. 그리고 좌선은 삶의 다양한 활동을 그 안에 포함하고 있는 수행입니다. 그래서 우리는 앉아 있는 자세만을 강조하지 않습니다. 우리에게는 어떻게 앉아 있느냐와 어떻게 행동하느냐가 똑같습니다. 우리는 앉음을 통해서 어떻게 행동해야 할지를 배우며, 그래서 앉는 것이 우리에게는 가장 기본적인 활동입니다. 우리가 이런 식으로 좌선을 하는 이유가 바로 이 때문입니다.

우리가 비록 좌선을 하지만, 우리는 우리를 선종禪宗이라고 부르면 안 됩니다. 우리는 부처님을 따라서 그저 좌선을 할 뿐입니다. 부처님을 따라서 좌선을 하는 것, 이것이 우리가 수행을 하는 이유입니다. 부처님께서는 우리가 어떻게 수행해야 할지를 가르쳐주셨습니다. 이것이 우리가 앉는 이유입니다.

무엇을 하는 것, 순간순간 살아가는 것은 이 세상에 일시적으로 나타나는 부처님의 활동입니다. 이런 식으로 앉아 있는 것도 역사적인 부처님이 그러셨던 것처럼 부처님 자체가 되는 것입니다. 우리가 하는 모든 일이 그렇습니다. 모든 것이 부처님의 활동입니다. 그래서 여러분이 무엇을 하든지 또는 아무것도 하지 않는다고 하더라도, 여러분의 함과 하지 않음의 행위 속에 부처님이 있습니다.

사람들은 부처님에 대한 이런 이해가 없기 때문에 자기들이 하는 행위의 주체가 누구인지 알지 못합니다. 그러면서도 자기들이 하는 일이 가장 중요하다고 생각하지요. 사람들은 자기들이 여러 가지 일을 하고 있다고 생각하지만 실제로 모든 행위의 주체는 부처님입니다. 우리는 저마다 자기 이름을 갖고 있지만 실제로는 한 부처님의 다른 이름입니다. 우리는 저마다 여러 가지 활동을 하지만 그것은 모두 부처님의 활동입니다. 이것을 모르는 사람들은 어떤 특정한 행위나 활동을 강조합니다.

어떤 사람이 좌선을 강조한다면 그가 강조하는 좌선은 참다운 좌선이 아닙니다. 그들이 부처님처럼 앉아 있는 것으로 보이겠지만, 좌선에 대한 우리의 이해는 그들과 큰 차이가 있습니다. 그들은 이 앉은 자세를 인간의 네 가지 기본적인 자세 가운데 하나로 여기며, 그래서 "나는 지금 앉아 있는 자세를 취하고 있다"라고 생각합니다. 그러나 좌선은 모든 자세를 포함하고 있습니다. 각 자세가 부처님의 자세입니다. 이것이 좌선에 대한 바른 이해입니다. 여러분이 이런 인식을 가지고 수행한다면 그것이 불교입니다. 이것은 정말 중요한 점입니다.

그래서 도겐 선사께서는 자신을 조동종의 스승이나 조동종 신봉자라고 일컫지 않으셨습니다. 그분은 "다른 사람들은 우리를 조동종이라고 부르겠지만, 우리가 우리 자신을 조동종이라고 부를 이유는 없다. 그대들은 '조동'이라는 이름조차 쓰면 안 된다"라고 말씀하셨습니다. 어떤 종파도 그 자신을 다른 종파와 분리된 종파로 생각해서는 안 될 것입니다. 종파는 불교의 임시적인 형태에 지나지 않습니다.

그러나 다른 종파 사람들이 이렇게 이해하지 않고 그들 자신을 계속 자기들의 종파 이름으로 부르는 한, 우리도 어쩔 수 없이 조동이라는 임시적인 이름을 쓸 수밖에 없습니다. 그러나 저는 이 점을 분명히 하고 싶습니다. 실제로 우리는 결코 조동종이 아닙니다. 우리는 그저 불자일 뿐이지요. 우리는 선불교도조차 아닙니다. 그저 불자일 뿐입니다. 이 점을 이해한다면 우리는 진정한 불자일 것입니다.

부처님의 가르침은 어디에나 있습니다. 오늘은 비가 옵니다. 이것은 부처님의 가르침입니다. 사람들은 자신이 듣는 것이 무엇인지, 하는 것이 무엇인지, 자신이 어디에 있는 것인지도 모르면서 자기들이 선택한 길이나 자신들의 종교적인 이해를 부처의 길이라고 생각합니다. 그러나 종교는 어떤 특별한 가르침이 아닙니다. 종교는 어디에나 있습니다. 우리는 우리의 가르침을 이런 식으로 이해해야 합니다. 우리는 어떤 특별한 가르침에 대해서는 모두 잊어야 합니다. 무엇이 좋고 무엇이 나쁜지 물을 필요도 없습니다. 다른 것을 배제하는 어떤 특수한 가르침도 있어서는 안 됩니다. 가르침은 매 순간 모든 존재들 속에 있습니다. 매 순간 모든 존재들 속에 있는 가르침이 진짜 가르침입니다.

의식의
경계 너머

"망념 속에서 망념에 물들지 않은 순수한 마음을 깨닫는 것이 수행입니다. 망념은 없애려고 애쓸수록 더욱더 집요해집니다. '음, 이건 망념이군' 하고 간섭하지 말고 그대로 놔두십시오."

우리는 우리 수행의 기초를 수행도 없고 깨달음도 없는 영역에 두어야 합니다. 수행과 깨달음이 있는 영역에서 좌선을 하는 동안에는 결코 완전한 평화에 들어가지 못합니다. 다시 말해서 우리는 수행과 깨달음이라는 경계가 나타나기 이전의, 우리의 진정한 본성을 굳게 믿어야만 합니다. 우리의 진정한 본성은 의식적인 경험 너머에 있습니다. 수행이나 깨달음 또는 좋고 나쁨은 모두 의식 영역의 경험입니다. 그러나 우리가 우리의 진정한 본성을 체험했든 못 했든 간에, 우리의 진정한 본성은 의식 너머에 분명히 현존하고 있습니다. 우리는 바로 그곳에 수행의 기초를 놓아야 합니다.

마음속에 좋은 뜻을 품는 것조차 그렇게 좋은 일은 아닙니다. 부처님께서는 종종 "이래야 한다. 저래서는 안 된다"라고 말씀하셨습니다. 하지만 그런 말씀을 마음에 간직하는 것은 바람직하지 않습니다. 그것을 간직한다면 일종의 짐이 되어서 기분이 썩 좋지 않을 것입니다. 때로는 나쁜 마음을 품는 것이, 좋은 것이나 마땅히 해야 할 것에 대해서 생각하는 것보다 더 나을 수도 있습니다. 나쁜 생각을 품는 것이 때로는 매우 유쾌합니다. 실제로 그렇습니다. 좋으냐 나쁘냐는 사실 문제가 아닙니다. 그런 생각을 함으로써 마음이 편해질 수 있는지, 그리고 그런 생각에 집착하고 있는 것은 아닌지의 여부가 문제이지요.

의식 속에 무언가를 간직하고 있는 동안에는 완전한 평정을 누리지 못합니다. 완전한 평정을 얻기 위한 가장 좋은 방법은 모든 것을 잊는 겁니다. 그러면 마음이 고요해지고, 어떤 노력을 하지 않아도 사물을 있는 그대로 보고 느낄 수 있을 만큼 넓고 맑아질 것입니다. 완전한 평정을 찾는 최선의 방법은 어떤 것에 대한 생각을 간직하지 않는 것, 모든 것을 잊고 생각의 흔적이나 그림자를 남기지 않는 것입니다. 그러나 생각을 멈추려고 애쓰거나 의식 활동의 경계 너머로 가려고 애쓴다면 그것은 또 다른 짐이 될 뿐입니다.

"수행 중에는 생각이 멎어야 되는데 그게 잘 안 돼. 나는 수행을 제대로 하지 못하는 거야"라는 식으로 생각하는 것 또한 올바른 수행 태도가 아닙니다. 생각을 멈추려고 애쓰지 말고 그대로 놔두세요. 그러면 어떤 생각이라도 마음속에 그렇게 오래 머물지 않을 것입니다. 생각은 올 때가 되면 오고 갈 때가 되면 갈 것입니다. 생각을 이런 태도로 대하면서, 어떤 생각에도 붙잡히지 않는다면 결국 빈 마음 상태를 상당히 오래 유지할 수 있습니다.

여러분의 마음이 본래 비어 있음을 굳게 믿는 것이 수행에서 가장 중요합니다. 경전에는 빈 마음을 설명하기 위한 수많은 비유가 나옵니다. 때로는 빈 마음을 셀 수 없는 천문학적인 큰 수에 비유해서 설명하기도 합니다. 이것은 계산할 생각을 말라는 뜻입니다. 그 수가 너무 커서 아무리 해도 계산을 할 수 없다면 계산을 해볼 흥미도 일어나지 않고, 결국 계산을 포기하겠지요. 한편으로는 셀 수 없는 수에 대한 이야기가 무한에 대한 관심을 불러일으켜서, 여러분의 작은 마음의 생각을 멈추게 하는 데 도움이 되기도 합니다.

그러나 마음이 비어 있음을 가장 순수하게, 그리고 진정으로 경험할 수 있는 것은 좌선을 하며 앉아 있을 때입니다. 마음이 비어 있는 것은 실제로는 마음의 상태조차 아닙니다. 부처님과 육조 혜능 선사께서 체득하신 마음의 본질이 바로 그것이었습니다. '마음의 본질' '본래 마음' '본래면목' '불성' '비어 있음' 등이 모두 마음의 절대 고요를 뜻하는 말입니다.

여러분은 몸을 쉬는 법은 알면서도 마음을 쉬는 법을 모릅니다. 여러분의 마음은 잠자리에 누워서도 여전히 분주합니다. 심지어 잠을 자면서도 꿈을 꾸느라 바쁩니다. 여러분의 마음은 이렇게 열심히 활동을 합니다. 이것은 그렇게 좋은 현상이 아닙니다. 생각으로 바쁜, 마음을 쉬는 법을 배워야 합니다. 생각하는 기능을 초월하기 위해서는 마음이 본래 비어 있다는 것에 대한 확신을 가져야만 합니다. 완전한 휴식 상태에 있는 마음자리에 대한 굳은 믿음이 있다면 우리의 순수한 본래 상태를 되찾을 수 있을 것입니다.

도겐 선사께서는 "망념 속에 수행의 토대를 세워야 한다"고 말씀하셨습니다. 비록 망념으로 헤매고 있는 중이라도 순수한 마음 역시 거기에 있다는 것이지요. 망념 속에서 순수한 마음을 깨닫는 것이 수행입니다. 망념이 일어나더라도, 항상 순수한 본심이 현존하고 있다는 것을 상기하면 망념은 사라질 것입니다. 여러분이 '이건 망념이군' 하고 알아차리는 순간 망념은 더 이상 머물지 못합니다. 아마 스스로 창피해서 달아날 것입니다. 그러므로 망념 속에 수행의 토대를 세워야 합니다.

망념이 일어나는 것은 수행입니다. 이것이 곧 알아차리기 전에 존재하는 깨달음입니다. 비록 여러분이 알아차리지 못하더라도 여러분에게는 이미 깨달음이 있습니다. 여러분이 '이건 망념이군'이라고 알아차렸다면 그 자체가 깨달음입니다. 망념을 쫓아내려고 애쓴다면 그것은 더욱 집요해집니다. 그래서 여러분의 마음은 그것에 대항하느라고 점점 더 바빠질 것입니다. 이것은 바람직하지 않습니다. '음, 이건 단지 망념이군' 하고 신경 쓰지 말고 그대로 놔두십시오. 망념에 휘둘리지 않고 그저 관찰만 할 때 고요하고 평화로운 본래 마음 상태에 머물 수 있을 것입니다. 망념에 대항하기 시작하면 말려들고 맙니다.

그러므로 깨달음을 얻든지 못 얻든지 그저 좌선을 하며 앉아 있는 것으로 충분합니다. 깨달음을 얻으려고 애쓰면 마음에 큰 짐이 됩니다. 그때에는 무엇을 있는 그대로 볼 수 있을 만큼 마음이 충분히 투명하지 않을 것입니다. 만약 무엇을 있는 그대로 볼 수 있다면, 그것이 마땅히 어떠해야 할지도 볼 수 있을 것입니다.

한편으로 우리는 깨달음을 얻어야 합니다. 이것이 우리가 마땅히 그러해야 할 바입니다. 그러나 다른 한편으로 우리는 육체적인 존재이기 때문에 깨달음을 얻기가 매우 힘듭니다. 깨달음을 얻기가 매우 힘든 것이 이 순간 우리의 모습이고, 깨달음을 얻어야 하는 것은 우리가 마땅히 그러해야 할 바입니다. 우리가 앉기를 시작하면 이 두 면이 드러납니다. 그래서 우리의 있는 그대로의 현재 모습과 마땅히 그러해야 할 바를 동시에 보게 될 것입니다.

우리는 현재 상태가 바람직하지 않다고 느끼기 때문에 더 나아지기를 원하지만, 의식 경계 너머의 마음을 알게 되면 현재의 모습과 마땅히 그러해야 할 바를 모두 넘어서게 됩니다.

우리의 본래 상태인 마음의 비어 있음 속에는 분별이 없습니다. 거기에서는 모든 것이 하나이며, 거기에 완전한 평정이 있습니다.

일반적으로 종교는 완전한 조직을 갖추려 하고, 아름다운 건물을 짓고, 음악을 만들고, 철학을 전개하는 등 의식 영역 속에서 발전합니다. 이런 것들은 모두 의식 영역의 활동입니다. 그러나 불교는 의식 너머의 세계를 강조합니다.

불교가 발전하는 최선의 방법은 좌선을 하며 앉아 있는 것, 곧 우리의 진정한 본성에 대한 굳은 믿음을 가지고 그저 앉아 있는 것입니다. 이 방법이 책을 읽거나 불교 철학을 공부하는 것보다 훨씬 좋습니다. 물론 철학을 공부하는 것도 필요합니다. 그것은 여러분의 확신을 강화시켜 줄 것입니다. 불교 철학은 대단히 보편적이고 논리적입니다. 그래서 단순히 불교에 대한 철학이라기보다는 삶 자체에 대한 철학이라고 할 수 있습니다.

불교 가르침의 목적은 의식 너머에 현존하는 우리의 순수한 본래 마음속에 존재하는 삶을 가리켜 보여주려는 데 있습니다. 불교의 모든 수행은 이 가르침에 따라 살기 위해서 만들어진 것입니다. 놀랍고 신비스러운 방법으로 불교를 전파하기 위해서 만들어진 것이 결코 아닙니다. 종교에 대해서 이야기할 때 가장 일반적이고 보편적인 태도를 가져야 합니다.

멋진 철학으로 우리의 길을 선전하려고 해서는 안 됩니다.

어떤 점에서 불교 철학은 상당히 논쟁적입니다. 불교 철학 자체에 어떤 논쟁의 느낌이 있습니다. 이것은 과거에 불교도들이 자신들의 길을 신비적이고 주술적인 행태에서 보호해야 할 필요성이 있어서 그렇게 된 것입니다. 그러나 철학적인 토론이 불교를 이해하기 위한 최선의 길은 아닙니다.

여러분이 진정한 불자가 되기를 원한다면, 최선의 방법은 앉는 것입니다. 매우 다행스럽게도 우리에게는 이렇게 앉을 수 있는 장소가 있습니다. 저는 여러분이 그저 앉을 뿐인 좌선에 대해서 굳건하고, 넓고, 흔들리지 않는 확신을 갖기 바랍니다. 그저 앉는 것, 그것으로 충분합니다.

부처님의
깨달음

"여러분이 수행을 통해서 성취한 것에 대해서 자부심을 갖거나, 반대로 스스로 세운 이상에 미치지 못해서 낙담한다면, 여러분의 수행은 여러분을 가두는 두꺼운 벽이 될 것입니다."

부처님께서 보리수 아래서 깨달음을 얻으신 날, 여기에 있게 되어서 대단히 기쁩니다. 부처님께서는 보리수 아래서 깨달음을 얻으신 후 이렇게 말씀하셨습니다. "아, 놀랍구나. 일체 중생이 불성을 가지고 있구나!" 이것은 우리가 좌선을 할 때 우리에게 불성이 있다는 사실과 일체 중생이 부처라는 것을 알게 된다는 뜻입니다.

부처님은 보리수 아래서 결가부좌를 틀고 앉는 것만을 수행이라고 하시지 않았습니다. 이 자세가 우리에게 기본적인 자세이자 근본적인 방법인 것은 사실이지만, 실제로 부처님께서 말씀하신 것은 산, 나무, 흐르는 물, 꽃과 풀 등 있는 그대로의 모든 것이 부처가 존재하는 방식이라는 점입니다. 일체 중생이 각자 자신의 방식으로 부처의 활동을 하고 있다는 뜻이지요.

그러나 일체 중생이 존재하는 방식은 의식의 영역에서는 이해되지 않습니다. 우리가 보거나 듣는 것은 실제 존재의 한 부분이거나 실제 존재에 대한 제한된 관념에 지나지 않습니다. 그러나 우리가, 그리고 일체 중생이 그저 자신의 방식으로 존재하기만 할 때 그것은 부처 자신의 표현입니다. 다시 말해서 우리가 좌선과 같은 것을 수행할 때, 거기에 불법 또는 불성이 있습니다. 불성이 무엇이냐고 물으면 그 순간 불성은 사라집니다. 그러나 우리가 좌선을 하면서 그저 앉아 있기만 할 때 불성에 대해 온전히 이해하게 됩니다. 불성을 이해하는 유일한 길은 단지 좌선을 하는 것, 있는 그대로 그저 여기에 있는 것뿐입니다. 부처님께서 불성이라고 하셨을 때 그것은, 의식을 넘어서 '그 자신으로 그곳에 있는 것'을 말씀하신 것입니다.

불성은 우리의 진정한 본성입니다. 우리는 좌선을 하기 전에, 그리고 의식으로 불성을 인지하기 전에 이미 불성을 지니고 있습니다. 그러므로 우리가 무엇을 하든지 그것은 모두 부처의 활동입니다. 이것을 머리로 이해하려고 하면 이해할 수 없습니다. 그러나 머리로 이해하려는 노력을 포기한다면 진정한 이해가 늘 거기에 있습니다.

보통은 좌선 후에 제가 이렇게 설법을 하지만, 여기 오는 이유가 제 설법을 듣기 위함이 아니라 좌선을 하기 위함이어야 합니다. 이 점을 결코 잊어서는 안 됩니다. 제가 설법을 하는 이유는 여러분이 부처님의 방식대로 좌선을 하도록 격려하기 위해서입니다. 여러분에게는 이미 불성이 있습니다. 그럼에도 여러분이 좌선을 한다 또는 안 한다는 식의 이원성에 머물러 있거나, 여러분 자신이 부처라는 것을 인정하지 못한다면 불성도 좌선도 이해하지 못하고 있는 것입니다. 그러나 여러분이 부처님이 하신 것과 같은 방식으로 좌선을 한다면 우리의 방법을 이해하게 될 것입니다.

우리는 말을 많이 하지 않습니다. 그러나 행동을 통해서 의식적으로든 무의식적으로든 서로 의사소통을 합니다. 우리는 항상 말없이 의사소통을 할 수 있을 만큼 충분히 깨어 있어야 합니다. 말없이 의사소통을 할 수 있을 만큼 충분히 깨어 있지 못하면 불법에서 가장 중요한 말없이 존재하는 상태를 놓치게 됩니다.

어디를 가든지 이런 삶의 방식을 잃으면 안 됩니다. 이것을 우리는 '부처 됨' 또는 '주인공 됨'이라고 합니다. 어디를 가든지 환경의 주인이 되어야 합니다. 언제 어떤 상황에서라도 자신의 길을 잃어서는 안 된다는 뜻입니다. 이렇게 사는 사람이 부처입니다. 항상 이런 식으로 존재한다면 여러분이 부처 자신입니다. 부처가 되려고 애쓰지 않아도 여러분은 부처입니다. 우리는 이런 식으로 깨달음을 얻습니다.

깨달음을 얻는다는 것은 늘 부처 상태로 존재한다는 뜻입니다. 이런 믿음에 토대를 둔 수행을 반복함으로써 이 사실에 대한 궁극적인 이해에 도달할 것입니다. 그러나 이 점을 놓치고, 수행을 통해서 성취한 것에 대해서 자부심을 갖거나, 반대로 스스로 세운 이상에 미치지 못해서 낙담한다면, 여러분의 수행은 여러분을 가두는 두꺼운 벽이 될 것입니다. 자신이 쌓은 벽 속에 스스로를 가두면 안 되겠지요.

그러므로 좌선을 할 시간이 되면 그저 일어나 선방에 가서 스승과 함께 앉고, 그와 대화하고, 다시 집으로 돌아가서 일상생활을 하는 것, 이 모든 절차가 우리의 수행입니다. 이런 식으로, 무엇을 얻겠다는 생각 없이 수행을 한다면 여러분은 항상 부처입니다. 이것이 참다운 좌선 수행입니다. 이렇게 수행할 때 여러분은 비로소 부처님의 첫 말씀, "일체 중생과 우리 자신 속에 있는 불성을 보라"는 말씀의 참뜻을 이해하게 될 것입니다.

맺는말

선심

"우리는 비가 그치기 전에 새소리를 들을 수 있습니다. 눈이 두텁게 쌓여 있을지라도 그 밑에서 아네모네와 다른 풀과 나무의 새싹을 봅니다."

우리는 여기 미국의 선 수행자들을 일본의 선 수행자들과 똑같은 방법으로 정의할 수는 없습니다. 여러분은 승려가 아니지만 그렇다고 완전히 속인도 아닙니다. 저는 이것을 이런 식으로 이해합니다. 여러분이 승려가 아니라는 데에는 큰 문제가 없습니다. 하지만 순수하게 속인이 아니라는 데에는 약간 어려운 문제가 있습니다. 저는 여러분이 승려의 수행도 아니고 속인의 수행도 아닌 어떤 특별한 수행을 원하는 특별한 부류에 속한다고 봅니다. 여러분은 여러분에게 맞는 삶의 적절한 방식을 발견하고자 하는 길에 들어섰습니다. 저는 이것이 우리의 선 공동체, 우리 모임의 성격이라고 생각합니다.

그러나 우리는 승려나 속인에게 공통적으로 해당되는 근본적인 길이 무엇인지, 도겐 선사의 수행이 무엇인지를 알아야만 합니다. 도겐 선사께서는 어떤 사람은 깨달음을 얻을 것이고 어떤 사람은 얻지 못할 것이라고 말씀하셨습니다. 저에게는 우리가 동일한 방식으로 동일한 수행을 하더라도 어떤 사람은 깨달음을 얻고 어떤 사람은 얻지 못한다는 이 말씀이 매우 흥미롭습니다. 이 말씀은 깨달음을 얻기 위해서 선을 하는 것이 아니라는 뜻입니다. 깨달음의 경험이 없을지라도, 수행에 대한 바른 태도와 바른 이해를 갖고 바른 자세로 앉는다면 그것이 곧 선이라는 말씀이지요. 깨달음이 있든지 없든지 진지하게 수행하는 것이 관건인데, 큰 마음을 인식하고, 그것에 대해 확신을 갖는 것이 중요한 태도입니다.

'큰 마음'이나 '작은 마음' 또는 '불심'이나 '선심'이라고 할 때, 이런 용어는 무엇인가를 가리키는 말이지요. 그런데 이런 말이 가리키고 있는 그 '무엇'은 경험 차원에서는 이해할 수도 없고 경험 차원에서 이해하려고 해서도 안 될 어떤 것입니다. 우리는 깨달음의 경험에 대해서 이야기하지만, 그것은 좋고 나쁨, 시간이나 공간, 과거나 미래 등의 개념으로 분별되는 차원의 경험이 아닙니다. 그것은 분별이나 감각 너머의 경험 또는 의식입니다. 그러므로 우리는 "깨달음의 경험이란 어떤 것일까?"라고 물어서는 안 됩니다. 이렇게 묻는 것은 선의 체험이 무엇인지 모른다는 뜻입니다. 깨달음은 일상적인 사고로 찾을 수 있는 것이 아닙니다. 일상적인 사고방식을 넘어설 때, 여러분은 선의 체험이 무엇인지 이해할 수 있을 것입니다.

우리가 확신해야만 하는 큰 마음은 객관적으로 경험할 수 있는 객체가 아닙니다. 그것은 항상 여러분과 함께 있으며, 항상 여러분에게 있는 것입니다. 여러분의 눈은 여러분에게 있습니다. 그러나 여러분은 여러분의 눈을 볼 수 없습니다. 눈은 자기 자신을 볼 수 없기 때문이지요. 눈은 오직 외부의 객관적인 사물들만을 볼 수 있습니다. 마찬가지로 여러분이 스스로 자신을 '나는 이렇다'든지 또는 '저렇다'고 생각한다면, 이렇고 저런 대상으로서의 자기는 여러분의 참 자기가 아닙니다. 우리는 자기 자신을 객관적인 사고의 대상으로 삼을 수 없습니다.

여러분에게 늘 있는 마음은 여러분의 마음이 아니라, 늘 여여如如하고 모든 다른 마음과 하나인 보편적인 마음입니다. 이 마음이 선심입니다. 이 마음은 크고 커서 여러분이 보는 모든 것에 이 마음이 있습니다. 여러분이 무엇인가를 보는 그 순간 마음이 거기에 있습니다. 우리의 마음이 이렇게 항상 우리가 보는 것들과 함께 있다는 것은 대단히 흥미로운 사실이며, 이것을 보면 이 마음이 동시에 모든 것임을 알 수 있습니다.

관찰하는 주체인 마음이 참마음입니다. "이게 나다. 내 마음은 한정되어 있고, 큰 마음이 따로 있다"라고 자신을 관찰한 결과를 자기라고 할 수 없습니다. 이렇게 하는 것은 여러분 자신을 제한하는 것이며, 여러분의 참마음을 한정시키고, 마음을 객관화시키는 것입니다.

보리달마께서는 "물고기를 보려면 물을 들여다보아야 한다"고 말씀하셨습니다. 실제로 물을 들여다보아야만 진짜 물고기를 볼 수 있습니다. 마찬가지로 불성을 보려면 먼저 여러분의 마음을 들여다보아야 합니다. 물을 들여다보는 주체가 본성입니다. 보는 주체의 행위, 그것이 참마음입니다. 여러분이 "내 선 공부는 시원찮다"고 말한다면, 거기에 이미 '내 선 공부가 시원찮다'는 것을 관찰한 여러분의 진정한 본성이 있습니다. 어리석음으로 인해서 진정한 본성이 이렇게 현존하고 있다는 것을 알아차리지 못할 뿐이지요. 아마 알면서도 일부러 무시하는 것인지도 모르겠습니다.

스스로의 마음을 관찰하는 주체로서의 '나'는 대단히 중요합니다. 그 '나'는 작은 나가 좀 더 크고 넓게 '확장된 나'가 아닙니다. 그 '나'는 쉬지 않고 활동하며, 물속을 헤엄치며, 날개로 광대한 허공을 날아다니는 '나'입니다. 날개는 생각과 활동을 뜻합니다. 광대한 허공은 '나'의 집입니다. 거기엔 새도 없고 공기도 없습니다. 물고기가 헤엄칠 때, 물과 물고기가 물고기입니다. 거기에는 헤엄치는 물고기밖에 없습니다. 이해하시겠습니까? 생체 해부로는 불성을 발견할 수 없습니다. 실재는 생각이나 느낌으로는 포착할 수 없습니다.

순간순간 호흡을 주시하며 순간순간 자세를 주시하는 것, 이
것이 진정한 본성입니다. 이것을 넘어서는 다른 비밀은 없습
니다.

우리 불자들은 오직 물질뿐이라든지 오직 마음뿐이라든지,
또는 모두 마음이 만들어낸 것이라든지, 마음은 존재의 속성
이라든지 하는 등의 관념을 가지고 있지 않습니다. 우리가 늘
이야기하는 것은 마음과 몸, 마음과 물질이 항상 하나라는 것
입니다.

그러나 이 말을 주의 깊게 듣지 않는다면, 존재의 어떤 속
성이나 '물질적인 것'이나 '정신적인 것'에 대해서 이야기하
는 것처럼 보일 수도 있습니다. 물론 존재의 속성을 이런 식
으로 설명할 수도 있을 것입니다. 하지만 우리가 실제로 가리
키고자 하는 것은 이편에 있는 마음, 참마음입니다. 항상 우
리와 함께 있지만 우리가 보지 못하고 있는 이 마음을 발견하
고 이해하고 알아차리는 것이 깨달음입니다. 이해가 되십니
까?

여러분이 밤하늘에 빛나는 별을 보는 것처럼 깨달음을 객
관화시켜서 얻으려고 한다면, 어느 순간 "아, 이게 깨달음이
로구나"라고 생각하며 환희에 젖을 수 있겠지만 그것은 깨달
음이 아닙니다. 그것은 글자 그대로 외도外道입니다. 여러분
이 알아차리지 못하더라도, 그러한 이해는 유물주의적인 관
념에서 비롯된 것입니다. 많은 사람들이 경험했다고 하는 깨

달음이 대개 그런 것입니다. 그런 깨달음은 용맹정진을 해서 밤하늘에 빛나는 별을 발견한 것과 같은, 일종의 유물론적인 관념이 만들어낸 대상입니다. 여기에는 주체와 객체의 구별이 있습니다. 이것은 우리가 구하는 깨달음이 아닙니다.

선종은 수행 속에서 표현되고 실현되는 우리의 진정한 본성, 곧 참마음에 기초를 두고 있습니다. 선은 어떤 특별한 논論이나 설說에 의존하지 않습니다. 선은 수행 대신 가르침을 앞세우지 않습니다. 우리는 깨달음을 얻기 위해서 수행을 하는 것이 아닙니다. 수행은 진정한 본성을 표현하기 위해서 하는 것입니다. 보리달마의 불법은 '수행으로 존재하기' 또는 '깨어서 존재하기'입니다. 이것이 처음에는 일종의 믿음에서 시작하는 것이지만 나중에는 수행자가 느끼는 무엇, 이미 가지고 있는 무엇으로 경험됩니다.

육체적인 수행과 수행의 규율을 이해하기는 쉽지 않습니다. 여러분 미국인들에게는 특히 더 그럴 것입니다. 여러분은 신체의 자유나 행동의 자유에 초점을 맞춘 자유의 관념을 가지고 있습니다. 그러나 자유에 대한 이런 관념은 자유가 없다는 느낌과 함께 정신적인 고통을 가져다줍니다.

여러분은 자신의 여러 가지 생각 중에서 어떤 것은 쓸데없고 어떤 것은 혼란스럽게 뒤얽혀 있다고 여기고, 생각을 제한할 필요가 있다고 생각합니다. 그러나 신체적 활동을 제한할 필요가 있다는 생각은 하지 않습니다. 하지만 분명 신체적 활동을 제한할 필요가 있습니다.

그래서 백장百丈 선사께서는 중국에서 선 생활의 규율과 법도를 세우셨습니다. 그분이 신체적인 활동을 제한하는 규율과 법도를 세우신 이유는, 그런 규율과 법도를 따르는 선 생활을 통해서 경험할 수 있는 참마음의 자유를 표현하고 전하고 싶어서였습니다. 선심은 백장 선사께서 세우신 규율과 법도에 따르는 삶을 통해서 우리에게까지 전해져 올 수 있었습니다.

저는 우리가 한 그룹으로서, 그리고 선 수행자들로서 함께 지켜야 할 어떤 생활 방식이 당연히 필요하다고 생각합니다. 백장 선사께서 중국에서 수행 생활의 규범을 확립하셨듯이, 우리도 우리에게 맞는 선 생활 방식을 확립해야 할 것입니다. 이것은 괜히 하는 말이 아닙니다. 아주 중요한 일입니다. 그러나 저는 너무 진지해지는 것은 원치 않습니다. 너무 심각하게 외적인 규율에 매이다 보면 본래 목적을 잃어버릴 수 있습니다. 그냥 심심풀이로 해보자는 식으로 가볍게 대해도 길을 잃어버릴 것입니다. 우리는 조금씩 조금씩 참을성 있게 우리를 위한 길을 찾아야 할 것입니다. 그러면 우리가 함께 사는 방법과 우리를 위한 계율을 찾게 될 것입니다. 우리가 열심히 수행을 하고, 좌선에 집중하며, 잘 앉아 있을 수 있도록 우리의 생활을 조직한다면 우리가 찾고 있는 것을 찾게 될 것입니다.

그러나 규율과 법도를 세우는 데에는 세심하게 주의를 기울여야 합니다. 너무 엄격하면 실패할 것이고, 너무 느슨하면 효과가 없을 것입니다. 우리의 규율은 누구나 복종해야 하는 권위를 지닐 만큼 충분히 엄격해야 합니다. 그러면서도 지킬 수 있는 것이라야 합니다. 선의 전통은 이렇게 수행자들이 수행 속에서 조금씩 조금씩 정하면서 만들어온 것입니다.

우리는 아무것도 강요할 수 없습니다. 하지만 일단 규율이 정해지면 그것이 바뀔 때까지는 철저하게 복종해야 합니다. 어떤 규율이 좋으냐 나쁘냐 또는 편리하냐 불편하냐를 따지면 안 됩니다. 따지지 말고 무조건 따라야 합니다. 그래야 여러분의 마음이 자유롭습니다. 일단 규율이 정해졌다면, 묻거나 따지지 말고 모든 규율을 지키는 것이 중요합니다. 그러면 여러분은 순수한 선심이 무엇인지를 알게 될 것입니다.

우리가 이런 식으로 우리의 생활 방식을 갖는다면, 우리의 삶을 통해서 다른 사람들로 하여금 인간으로서 좀 더 정신적이고 적절한 삶의 길을 찾도록 고무하고 격려해줄 수 있을 것입니다. 저는 언젠가는 여러분이 여러분 자신의 수행과 미국식 선 생활 법도를 갖게 될 것이라고 생각합니다.

순수한 마음을 탐구하는 유일한 길은 수행입니다. 우리의 가장 깊은 곳에 있는 본성은 자신을 표현하고 실현하기 위해서 어떤 매개를 필요로 합니다. 우리는 내면 가장 깊은 곳에서 솟아나는 이런 요청에 규율을 지키는 수행을 통해서 응답

합니다. 그러면 우리는 역대 조사들께서 보신 참마음을 보게 되고, 수행에 대해 정확하고 깊이 이해하게 될 것입니다.

우리는 수행을 하면서 경험하는 체험이 좀 더 있어야 할 필요가 있습니다. 적어도 약간의 알아차림 정도는 있어야 합니다. 여러분에게 늘 현존하고 있는 큰 마음에 대한 믿음이 있어야 합니다. 모든 것이 큰 마음의 표현이라는 것을 알아차릴 수 있어야 합니다. 모든 것이 큰 마음의 표현이라는 것은 신앙 이상의 진실입니다. 이것은 거부할 수 없는 궁극적인 진리입니다. 이것을 알아차리기 위한 수행이 쉽든지 어렵든지, 이해하는 것이 쉽든지 어렵든지 여러분에게는 오직 이 길밖에는 없습니다.

승려인지 속인인지는 중요한 문제가 아닙니다. 중요한 것은 여러분 자신을 무언가를 하고 있는 누군가로 발견하느냐 못 하느냐입니다. 수행을 통해서 자신의 진짜 존재를 찾는 것, 모든 것과 함께 있으며 부처와 항상 함께 있는 자기 자신을 찾는 것, 모든 것과 완전히 하나인 자기 자신을 찾는 것이 요점입니다. 그것을 바로 지금 찾는 것! 이것이 중요합니다.

여러분은 지금 당장 어떻게 찾느냐고 말할지도 모르겠습니다. 하지만 가능합니다! 단 한 순간일지라도 여러분은 할 수 있습니다! 이 순간 할 수 있습니다! 바로 이 순간에 말입니다! 그리고 이 순간에 할 수 있다면 항상 할 수 있습니다. 여러분이 이런 확신을 갖는다면 그것이 곧 여러분의 깨달음입니다. 큰 마음에 대한 이런 강한 확신을 갖는다면, 비록 깨달음이 없더라도 여러분은 진정한 의미에서 불자입니다.

이것이 도겐 선사께서 "좌선을 하는 모든 사람이 늘 우리에게 현존하는 이 마음을 알아차릴 것이라고 기대하지 마라"라고 말씀하신 이유입니다. 수행 그 자체가 깨달음이지, 큰 마음이 수행 밖 어딘가 여러분 외부에 있다고 생각하지 말라는 뜻이지요. 큰 마음은 늘 우리와 함께 있습니다. 여러분이 이해하지 못한다고 생각될 때마다 제가 자꾸 같은 말을 반복하는 것이 바로 이 때문입니다.

선은 결가부좌를 할 수 있는 사람이나 강한 정신력이 있는 사람만을 위한 것이 아닙니다. 모든 사람이 불성을 지니고 있습니다. 우리는 각자 자신의 진정한 본성을 깨닫기 위한 어떤 방법을 발견해야만 합니다. 수행의 목적은 모든 사람이 지니고 있는 불성을 직접 체험하는 데 있습니다. 무엇을 하든지 그것이 불성에 대한 직접적인 경험이어야 합니다. 불성을 알아차리는 것이 불성입니다. 그리고 여러분의 노력은 모든 중생을 구하는 데로 확장되어야만 합니다.

만약 제 말이 충분히 받아들여지지 않는다면, 그때는 지팡이로 여러분을 치겠습니다! 그러면 제가 무슨 말을 하는지 알아듣겠죠. 여러분이 제가 하는 말을 지금은 이해하지 못하더라도, 언젠가는 이해하게 될 것입니다. 저는 로스앤젤레스 부근에서 해안을 따라 조금씩 위로 올라가고 있다는 섬이 시애틀에 도달할 때까지라도 여러분이 이해하게 되기를 기다릴 것입니다.

저는 여러분 미국인들 특히 미국의 젊은이들에게는 인간으로서 사는 진정한 길을 발견할 큰 기회가 주어져 있다고 생각합니다. 여러분은 물질로부터 상당히 자유로우며, 선 수행을 대단히 순수한 초심으로 시작하기 때문입니다. 여러분은 부처님의 가르침을 그분이 뜻하신 바대로 정확하게 이해할 수 있습니다.

그러나 우리는 미국이나 불교나 심지어 우리의 수행에도 집착하면 안 됩니다. 우리는 그 무엇으로부터도 자유로운 마음, 초심을 간직해야 합니다. 이 마음은 모든 것이 흐르면서 변한다는 것을 아는 마음입니다. 어떤 것도 찰나적으로만 현재의 형태와 색깔로 존재합니다. 모든 것이 흘러가 다른 것이 됩니다. 우리는 그것을 붙잡을 수 없습니다. 우리는 비가 그치기 전에 새소리를 들을 수 있습니다. 눈이 두텁게 쌓여 있을지라도 그 밑에서 아네모네와 다른 풀과 나무의 새싹을 봅니다. 동쪽에서 저는 이미 장군풀을 보았습니다. 일본에서 우리는 봄에 여름 오이를 먹습니다.

무엇을 하든지 처음 하는 것처럼

1990년대 초쯤일 겁니다. 우리말로 번역된 책을 읽고 원래 영어로 된 책이라면 영어로 읽어보고 싶었습니다. 그래서 당시 영문 불교 서적을 보급하던 조계사 옆 '경서원'이라는 책방에 가서 이 책의 원서 복사본을 구입해서 읽은 기억이 있습니다. 책 두 권을 사서 한 권은 밑줄을 긋고 여백에 느낌이나 생각을 적어놓기도 하고, 다른 한 권은 보관용으로 깨끗하게 간직하였습니다. 그때 받은 감동이 이 책을 다시 번역할 용기를 내게 만들었습니다.

"그저 앉아 있으라!"

이 얼마나 쉽고 명쾌한 가르침입니까. '그저 앉아 있음'에 대한 스즈키 선사의 가르침은 책을 읽으면 저절로 알게 되겠지요. 그래서 스즈키 선사의 가르침에 대해서는 설명을 한다거나 사족을 붙이고 싶은 생각이 없습니다.

어떤 가르침이든지 가르침에는 컨텍스트context가 있지요. 이를테면 누가 누구에게 말한 것이냐 하는 것입니다. 컨텍스트를 어떻게 이해하느냐에 따라서 본문의 의미와 깊이가 다르게 해석될 수 있다는 것은 공부해본 사람이라면 누구나 아는 이야기이기에 그에 대해서 중언부언할 필요 없겠지요. 이 책에 실린 가르침은 스즈키 선사가 미국 사람들에게 베푼 것인데, 스즈키 선사가 누구인지에 대해서는 이 책의 머리말이나 다른 자료를 통해서 비교적 잘 알려져 있습니다. 하지만 선사의 가르침을 받은 미국 사람들이 누구인지는 그다지 알려져 있지 않은 것 같습니다. 그래서 이참에 그들이 누구인지 잠시 생각해보려고 합니다.

스즈키 순류 선사는 1959년부터 1971년까지 미국에 선을 전파했습니다. 1960년대를 통째로 미국에서 보낸 셈인데, 1960년대 미국은 신좌파운동, 시민권운동 그리고 히피운동이 대륙 전체를 휩쓸고 지나던 시기입니다. 반反문화운동으로 명명된 히피들의 활동은 그 사상적인 기원이 꽤 깊습니다. 히피의 정신적인 지도자들은 자기들 사상의 기원을 고대 그리스 철학자 디오게네스와 시닉학파, 예수 그리스도, 유대교의 현자 힐렐, 붓다, 아씨시의 성 프란시스, 헨리 데이비드 소로, 간디 등에까지 연결합니다. 그리고 잘 알려져 있지 않지만 19세기 말에 독일에서 시작해서 제1차 세계대전 이후 전쟁에 환멸을 느낀 지성인과 젊은이들 사이에 급속하게 퍼진 '철새'라는 뜻의 반더포겔Wandervogel운동의 영향도 깊이 받았습니다.

니체, 괴테, 헤세 등의 영향을 받은 반더포겔들은 자연으로 돌아가서, 자연과 함께하는 소박하면서도 영적인 삶을 추구했습니다. 이들의 사상과 생활 방식은 20세기 초에 미국으로 이주한 이들을 통해 아메리카 대륙에 알려지게 되었지요. 대나무를 엮어 만든 집에 살면서 자연적인 방법으로 농사를 짓고 유기농 농산물 가게를 운영하던 반더포겔들의 라이프 스타일에 큰 감명을 받은 미국의 많은 젊은이들이 이 생활 방식에 동참하였습니다. 그리고 흑인 가수 냇 킹 콜이 부른 〈네이처 보이Nature Boy〉라는 노래를 통해 그들의 라이프 스타일이 대중에게도 널리 알려지면서 자연으로 돌아가자는 운동이 젊은 대학생들을 중심으로 널리 퍼지기 시작합니다.

이런 흐름은 시간이 지나면서 인도 구루들이 전한 인도 종교의 수행과 가르침, 티베트 불교의 수행, 일본인 불교학자 스즈키 다이세쓰가 전한 선, 노자의 가르침 등 동양 종교의 가르침과 자연스럽게 합류하게 됩니다. 이들 운동의 배후에는 크리슈나무르티, 스와미 프라바바난다, 스와미 사치다난다, 마하리시 마헤시 요기, 크리스토퍼 이셔우드, 영국 출신 소설가이자 LSD를 통해서 신비 세계를 탐색하던 올더스 헉슬리, 동양 종교의 사상을 대중에게 널리 알린 앨런 와츠, 티베트 불교에 심취했던 시인이자 반전운동가 앨런 긴즈버그,

요가와 자연식품을 강조하며 미국에서 피트니스의 선구자 역할을 했던 집시 부츠, 그리고 이 책의 저자 스즈키 순류 선사 등이 있었지요.

일체의 억압적인 제도에 대한 반대, 중산층 가치관에 대한 비판, 반전-평화-사랑, 개인의 자유, 현실의 초월 등이 히피 가치관의 배경입니다. 그러나 모든 일에는 명암이 있는 법이지요. 한 예로 1967년 여름 전국에서 모인 2만 명의 히피들이 샌프란시스코의 한 공원에서 3일 동안 축제를 벌였습니다. 그 축제에서 스코트 맥켄지가 "샌프란시스코에 가면 머리에 꽃을 꽂으세요If you're going to San Francisco, be sure to wear some flowers in your hair..."라고 노래한 〈샌프란시스코San Francisco〉는 미국과 유럽 전역을 휩쓸면서 대중문화의 아이콘이 되었지요. '사랑의 여름Summer of Love'이라는 이름이 붙은 이 축제 뒤에도 경찰 추산으로 10만 명이 넘는 젊은이들이 샌프란시스코로 몰려들었습니다. 맨발로, 빗질도 하지 않은 긴 머리에 꽃을 꽂고, 또는 거리에 꽃을 뿌려가면서, 전통을 거부하는 화려하고 자유분방한 옷차림(또는 나체)으로, 무작정 가출한 청소년들이 LSD에 찌든 채 거리의 아이들로 변하기 시작했습니다. 그러자 히피운동을 못마땅하게 여기던 보수적인 정치인과 매스컴들이 일제히 히피운동을 공격한 것은 당연한 일이겠지요.

그럼에도 1969년 8월 50만 명의 히피가 우드스톡 페스티벌에 몰려들었습니다. 리치 하벤스가 페스티벌의 시작을 알리는 연주와 노래를 하고 일곱 번의 앙코르를 받은 다음, 영적 지도자 스와미 사치다난다가 축제의 성공을 비는 기원을 했습니다. 이어 4일 동안 존 바에즈, 제니스 조플린, CCR, 제퍼슨 에어플레인, 지미 헨드릭스 등 말 그대로 기라성 같은 뮤지션들이 배턴을 이어가며 노래와 연주를 했지요. 갑자기 몰려든 인파로 도로가 마비되고, 음식과 의료가 턱없이 부족하고, 폭우가 쏟아져 축제가 열리던 농장이 진흙탕이 되고. 이런 열악한 조건에도 히피들의 이상인 사랑과 평화와 개인의 자유가 가능하다는 것을 입증하기라도 하듯이 축제 기간 동안 한 건의 폭력 사태도 일어나지 않았다고 합니다. 그래서 히피운동은 다시 한 번 탄력을 받게 되었습니다.

히피들은 성sex의 경계를 두지 않고 몇십 명씩 모여서 자연속에서 공동생활을 하기도 하고, 베트남전쟁 반대 시위를 하기도 하고, 민주당 전당대회에서 시위를 하면서 전당대회장을 아수라장으로 만들기도 합니다. 전통적인 가치관을 완전히 무너뜨리려고 하는 이런 일련의 사건들은 보수 성향의 시민과 정치가들과 사회 기득권자들의 심기를 점점 더 불편하게 만들었습니다. 그러던 중 히피들의 거주지에서, 컬트를 조직하고 자신을 숭배하는 이들의 교주 노릇을 하던 찰스 맨슨이라고 하는 미치광이 기타리스트이자 음유시인이 연쇄살인 사건의 범인으로 체포되는 일이 생깁니다. 당연히 히피운동을 못마땅하게 여기던 시민들의 저항감은 더욱 커졌지요.

이런 시대적인 상황 속에서 사랑과 평화와 자유와 초월이라는 히피 정신을 자신의 삶에서 구현하려던 많은 지성인들이 히피운동의 외적인 양식보다, 내면적인 동양 종교의 수행으로 관심을 돌리기 시작합니다. 스즈키 순류 선사는 바로 이런 이들에게 '그저 앉아 있으라!' 라는 선의 메시지를 전한 것입니다. 선사의 주변 이야기를 들어보면 앨런 와츠를 비롯하여 히피의 여러 정신적 지도자들이 선사를 방문했던 것을 알 수 있습니다. 그리고 밝혀진 바는 없지만 선사의 제자들도 대개는 1960년대를 풍미한 히피운동의 배경을 가진 사람들일 가능성이 아주 큽니다. 그러기에 선사의 미국 생활 초창기인 1960년대 초에는 그를 중심으로 한 선 모임이 지지부진했지만, 히피들 사이에서 히피운동의 대안을 찾기 시작한 1960년대 후반에는 많은 제자가 입문하고 여러 공동체 선원이 출현한 것으로 보입니다.

끝으로, 이 책을 어떻게 번역했는지에 대해서 몇 말씀 드리겠습니다.

1. 장 단위, 문단 단위로 번역했습니다. 설법의 특성상 문장 단위로 번역을 하면 의미 연결이 잘 되지 않는 부분이 많았기 때문입니다.

2. 'true nature' 또는 'original nature'를 문맥에 따라 '진정한 본성' 또는 '본래면목' 이라고 옮겼습니다. 원래는

'본성'이라고 하면 그만인데, 지금 우리가 쓰는 어법에서는 '본성'이라는 말이 '본성이 못 돼먹었다'는 용례에서 알 수 있듯이 본래면목이 왜곡된 상태도 일컫기 때문에 이 말을 쓰기가 어려웠습니다. 또 '본래성품' 또는 '참성품'이라고 할 수도 있겠지만, 어떤 사람의 기질이나 성격을 말하면서 "그 사람 본래성품이 그래"라는 식으로도 쓰기 때문에 이 말 역시 본래면목과는 다른 의미를 가질 수 있기에 쓰지 않았습니다.

원문의 문법에 충실한 번역도 있었고, 의미를 옮기는 데 힘을 쓴 번역도 있었습니다. 저는 원문을 따르면서도 의미를 살리려고 애썼습니다. 그렇다고 제 번역이 다른 번역보다 낫다는 말은 아닙니다. 단지 스즈키 선사가 우리에게 같은 내용을 가르치신다면 어떻게 말씀하셨을까 생각해보면서 번역을 했다는 뜻입니다.

3. 'Buddhism'을 문맥에 따라서 '불교佛教' '불법佛法' '불도佛道' '부처님의 가르침' '부처의 길' 등으로 옮겼습니다.

2006년 겨울 지인의 주선으로 하이쿠 명인 바쇼가 즐겨 머물렀다는 일본 산골마을 야마나카山中 주변을 여행을 하자 왜 '아무 생각 없이, 그저 앉아 있음'을 종풍으로 하는 조동종曹洞宗의 묵조선默照禪이 우리나라에서는 뿌리를 내리지 못하고 일본에서는 꽃을 피웠는지 그 이유를 알 듯싶었습니다. 무엇이 옳고 무엇이 그르다는 차원이 아니라 일본의 전통적인 분위기 자체가 침묵이었습니다. 집집마다 가꾸어진 정원의 돌과

이끼 낀 고목과 고요한 연못, 동네 사람 전체가 일시에 휴가를 간 것처럼 깨끗하고 조용한 거리, 사원의 거대한 삼나무 숲, 다른 사람 일에 쓸데없이 간섭하지 않고 자기 일에 몰두하는 모습. 이 모든 것들이 고목중枯木衆이라 불릴 정도로 마치 고목처럼 오로지 좌선에 전념하는 종풍이 꽃을 피울 수 있었던 조건인 듯싶었습니다. 옮긴이는 이런 분위기에 다시 젖어보고자 2012년 겨울에 두 번째 야마나카 여행을 했습니다. 역시 좋았습니다. 그곳에서 몇 년 살고 싶기도 했습니다.

'어떤 사람이 생각하는 것이 곧 그 사람'이라는 말이 있습니다. 말이든지 행동이든지 자기가 생각하는 것을 표현하는 것이기에 맞는 말인 것 같습니다. 그런데 어떤 생각이 일어나든지 간섭하거나 붙잡지 않고 그냥 흘러가도록 내버려두고, 그저 앉아 있기만 하는 묵조선 수행을 한다면 생각 없이 말을 하고, 생각 없이 행동을 하는 지경에 이르겠지요. 아마 노자가 말한 '하고자 함이 없이 모든 것을 한다'는 '무위이무불위無爲而無不爲'의 경지, 곧 스스로 그러한自然 상태가 아닐까 싶습니다.

흐르는 물에는 얼굴을 비출 수 없습니다. 고요할수록 더 잘 들을 수 있습니다. 삶이 복잡할수록 허둥대지 말고 고요함을 유지하는 것이 길일 것 같습니다. "사랑하는 사람이 50명 있으면 50가지 고민이 생긴다. 그러나 아무도 사랑하지 않는 사람은 사랑하는 사람 때문에 생기는 고민이 없다"는 말이 있습니다. 그런데 사람만이 아니라 생각도 그러합니다. 우리가 어떤 생각에 애착을 가지면 그 생각으로 인해 수만 가지 생각이 어지럽게 펼쳐집니다. 그리고 그 생각들은 언젠가 우리의 삶에서 표현됩니다. 그리하여 삶이 시작도 끝도 알 수 없는 복잡하게 얽힌 실타래처럼 어지러워집니다. 이런 점에서 꼭 어떤 대단한 깨달음이 아니더라도, 어지러운 생각과 복잡한 삶에서 벗어나고 싶은 사람에게는 스즈키 선사의 이 어록집이 하나의 등불이 되리라봅니다.

출판사가 바뀌어 책을 다시 내게 되어 원고를 다시 읽으며 여러 곳 수정했습니다. 내용은 크게 달라지지 않았지만, 어순과 용어와 표현을 좀 더 자연스럽게 하려고 했습니다.

스즈키 선사가 강조하는 것은 책 제목처럼 '초심初心'입니다. 어느 소주 이름으로도 쓰이는 '처음처럼'이라는 말이 있습니다. 그러나 '처음처럼'이라는 말에는 '처음'에 대한 기억이 있고 그것을 재생한다는 의미가 함축되어 있지요. 하지만 스즈키 선사가 가르치는 '초심'은 '처음처럼'이 아니라 '처음으로'라는 뜻입니다. 매순간, 무엇을 하든지 그것을 처음 하는 것처럼 하라는 뜻입니다. 옮긴이의 느낌을 덧붙이자면, 무엇을 하든지 처음 하는 것처럼, 그리고 단 한 번으로 끝나는, 다시는 반복할 수 없는 유일한 행위를 하라는 것, 그리고 이름이나 흔적을 남기지 말라는 것입니다.

저는 이번에 스즈키 선사가 미국에서 가르침을 펴기 시작할 때의 나이와 같은 나이에, 이 책의 원고를 다시 읽으면서 초심의 자세를 점검하는 좋은 시간을 보냈습니다. 독자 여러분께도 이 감동이 전해졌으면 좋겠습니다.

최선을 다했지만 여러 가지 부족한 번역이라고 느낍니다. 그럼에도 이 책을 통해서 좋은 소식을 들을 수 있다면 그건 전적으로 독자들의 공덕으로 인해 받는 복이라고 생각합니다.

2013년 봄이 오는 길목에서
옮긴이 손을 모읍니다.

禪心初心